Hans-Peter Hasenfratz

Religion – was ist das?

HERDER spektrum

Band 5322

Das Buch

Religion – eine verwirrende Vielfalt von Phänomenen, oft genug widersprüchlich und in Konkurrenz zueinander. Was verbindet die unterschiedlichsten Erscheinungsformen? Worin besteht der Sinn von Religion, ihre Funktion, ihre Bedeutung – für den Einzelnen und für die Gesellschaften? Wie verhält sich das Christentum zu „Religion überhaupt"? Wie lebt das Archaische in „fortgeschrittenen" Kulturen weiter? Um diese Frage kreisen die Überlegungen von Hans-Peter Hasenfratz. Dabei stehen nicht abstrakte Definitionen im Vordergrund. Der Autor geht von der vorfindbaren Fülle konkreter, anschaulicher Phänomene aus, die er in überraschender Weise miteinander in Verbindung setzt. In neun Kapiteln kommen einzelne Facetten des Phänomens Religion in den Blick: Hasenfratz entwickelt Kategorien zur Einordnung konkreter Religionen, geht dem Einfluss von Religion auf menschliches Verhalten nach und stellt besonders eingehend religiöse Deutungen der „Grenzen des Lebens" dar. Mit der Frage nach der (gesellschaftlichen) Funktion von Religion schließt sich der Kreis. Das Buch lässt vor den Augen des Lesers so etwas wie eine „Landkarte" des Raumes entstehen, in dem sich religiöse Vorstellungen und religiöses Verhalten bewegen. Das konkrete Anschauungsmaterial stammt aus ganz unterschiedlichen religiös-kulturellen Zusammenhängen: Indem er es unter übergreifenden Fragestellungen neu ordnet, gewinnt der Autor dem Material immer wieder neue Perspektiven ab. Ein dichtes und gleichzeitig anschauliches, manchmal auch provozierendes Buch, das zu neuem Nachdenken über das Phänomen „Religion" herausfordert.

Der Autor

Hans-Peter Hasenfratz, Professor für Religionswissenschaft an der Universität Bochum. Zahlreiche Publikationen. U. a. bei Herder Spektrum: Die religiöse Welt der Germanen (4. Aufl. 1999).

Hans-Peter Hasenfratz

Religion –
was ist das?

Lebensorientierung
und Andere Wirklichkeit

HERDER

FREIBURG · BASEL · WIEN

Originalausgabe

Gedruckt auf umweltfreundlichem,
chlorfrei gebleichtem Papier

Alle Rechte vorbehalten – Printed in Germany
© Verlag Herder Freiburg im Breisgau 2002
www.herder.de
Satz: Dtp-Satzservice Peter Huber, Freiburg
Herstellung: fgb · freiburger graphische betriebe 2002
www.fgb.de
Umschlaggestaltung und Konzeption:
R·M·E München / Roland Eschlbeck, Liana Tuchel
Umschlagfoto: Karyatiden der Tempelpyramide des Tlanizcalpantecutli
in Tula, Hidalgo (Mexico), ca. 900–1200 n. Chr.
ISBN 3-451-05322-5

Inhalt

Vorwort

Das vorliegende Büchlein entspricht in Inhalt und Umfang drei zweistündigen Vorlesungen, die der Verfasser im Juni 2002 am C.-G.-Jung-Institut in Küsnacht/ZH zum Thema „Religion" zu halten hatte. Es ist eine Zusammenfassung dessen, was der Autor im Verlaufe eines Forscherlebens über Religion gelernt hat und zu wissen meint und was er weitergeben möchte. Dem Anlass (Vorlesung) und dem Anliegen (Zusammenfassung) entspricht die gedrängte Form, die sich bei der Masse dessen, was über Religion geschrieben wird, ohnehin nahe legt. Ohne Fachterminologie kommt keine Wissenschaft aus, auch nicht die Religionswissenschaft: Sie erlaubt eine präzise und knappe Beschreibung von Tatbeständen und Phänomenen des jeweiligen Forschungsgegenstandes, hier der Religion, und ist unverzichtbar. Fachausdrücke, von denen der Schreibende meint, dass sie dem Leser/der Leserin nicht geläufig sein könnten, sind am Schluss des Bandes in einem *Glossar* zusammengestellt und erläutert.

Dem Verlag und besonders Herrn Dr. Rudolf Walter gebührt Dank für die Begleitung und Förderung dieser Publikation.

Sommer 2002 Hans-Peter Hasenfratz

Umschrift und Abkürzungen

1.

Für fremdsprachliche Begriffe wurde nach Möglichkeit die dafür gängige wissenschaftliche Transkription verwendet – unter Verzicht allerdings auf diakritische Zeichen, wo Eindeutigkeit gewahrt blieb (und dann oft in Anlehnung an die im angelsächsischen Bereich für Umschriften übliche Orthographie, etwa *kh* für unser ch, *sh* für unser sch, *tch* für unser tsch, *j* für unser dsch, *z* für unser stimmhaftes s usw.). Das Altägyptische ist um der besseren Lesbarkeit (Aussprechbarkeit) willen nach der in der Ägyptologie akzeptierten Behelfsregel vokalisiert (mit *a, i, u, e*).

2.

Abkürzungen nach dem Abkürzungsverzeichnis der *Theologischen Realenzyklopädie* und nach *Duden*, ferner nach den Üblichkeiten einzelner wissenschaftlicher Spezialdisziplinen.

3.

Ebenfalls um der Kürze des Ausdrucks und der Lesbarkeit willen sei hier der Gebrauch *männlicher* Formen gestattet, wo dem Sinne nach weibliche Wesen mit gemeint sind.

I.
Symbol und „Andere Wirklichkeit"

1.

„Religion – was ist das?" Religion ist, „wenn man zur Kirche geht". Religion ist, wenn man nicht zur Kirche geht,
„aber schon an den Herrgott glaubt". Religion ist, wenn man
am Sonntagmorgen im Wald spazieren geht und Gott durch
die Natur zu einem spricht („der liebe Gott geht durch den
Wald"!). Das alles sind Definitionen von Religion; und sie
treffen etwas von dem, was „Religion" meint. Aber sie ge-
nügen nicht für die Religionswissenschaft. Eine ihrer Definitionen lautet: *Wenn man von „Religion" spricht, meint
man „ein Symbolsystem, das der Kontingenzbewältigung,
der biologischen und sozialen Programmierung dient und
sich auf eine ‚Andere Wirklichkeit' bezieht"*[1].

Das ist erläuterungsbedürftig. Ein *Symbol* ist etwas, das
etwas bezeichnen kann, was es selbst nicht ist. Das Wort
„Haus" z.B. bezeichnet ein Gebäude, ist aber selbst keins.
Die letzte Wirklichkeit (Gott) ist nur durch Symbole aus-
drückbar. Sie selbst können wir nicht sehen, berühren,
hören; wohl aber Bilder, Statuen, die sie darstellen, Mythen,
die von ihr handeln, Worte, die auf sie verweisen. Etwa das
Dreieck mit dem eingeschriebenen Auge (als Bild der
christlichen Dreifaltigkeit); eine Statue des tanzenden Got-

---

[1] Hasenfratz, Hans-Peter: Art. Religionen und Wirtschaft, in: ESL (Neuausgabe 2001), 1319–1324, hier 1319.

tes Shiva (als Darstellung der die Welt durchwaltenden göttlichen Energie); den Mythos von Isis und Osiris (handelnd vom Sieg göttlichen Lebens über den Tod als Hoffnung für die Sterblichen); Jesu Worte von den Vögeln des Himmels, die nicht säen und nicht ernten (verweisend auf den „himmlischen Vater", der für alle sorgt; Mt 6, 26). Das alles sind Symbole. Auch Gotteshäuser und Tempel sind solche Symbole; denn niemand hat Gott darin wohnen gesehen, so wie *wir* in Häusern wohnen. Und hätte jemand die letzte Wirklichkeit, Gott wirklich geschaut, gefühlt, gehört, er müsste sterben (Ex 33, 20) oder könnte seine Erfahrung wieder „nur" in Symbolform an andere weitergeben.

Ein religiöses Symbolsystem leistet *Kontingenzbewältigung*, d. h. es gibt den Zufällen des Lebens, die dem Menschen „zustoßen" (eben der Kontingenz der Ereignisse) „Kohärenz" (Zusammenhalt), indem es sie auf eine letzte Wirklichkeit, auf Gott bezieht. Der religiöse Mensch erfährt so Glück oder Unglück oder Krankheit als göttliche Gnade oder Strafe oder Prüfung, unvertraute Welt als aufgehoben im Zusammenhang mit dem letzten (göttlichen) Grund ihres Seins. *Biologische* oder *soziale Programme* meinen Regeln sexuellen und sozialen Umgangs: für die Wahl und Anzahl der Geschlechtspartner, für das Verhalten gegenüber Gruppenmitgliedern und Gruppenfremden, für Strafen bei Regelverstößen usw. Wenn ein religiöses Symbolsystem diese Regeln mit der letzten Wirklichkeit verknüpft, erhalten sie Autorität von „höchster Ebene". Das berühmte indische Gesetzbuch des Manu gilt als Offenbarung des Schöpfergottes *Brahmā* an den ersten mythischen Menschen *Manu*. Es sieht für Inzest u. a. eine ungünstige Wiedergeburt (Fall in eine niedrigere Existenzform) vor, für Vergießen von Samen in ein Tier, eine menstruierende Frau oder anderswohin als in eine Scheide empfindliche religiöse Kasteiungen (11, 171ff). Beschreibungen von Himmels- und Höllenreisen verweilen einlässlich bei jenseitigen (göttlichen) Belohnungen und Bestrafungen für moralisches Wohl- und Fehlverhalten (vgl. Dantes *Divina Commedia*). Auch weltliches Recht kann religiös abgestützt sein. So, wenn noch heute die Präambel der Bundesverfassung der Schweizerischen Eidgenossenschaft mit den Worten beginnt: „Im Namen Gottes des Allmächtigen!" Oder wenn der Verfassung der Islamischen Republik Iran die „Basmala" voransteht: „Im Namen Gottes, des Barmherzigen, des Erbarmers." Wie denn überhaupt viele Kulturen Religion und Recht nicht als „religiös" – die eine – und „säkular" – das andere – unterscheiden. Gerade der Islam begreift sich als „Religion *und* staatlich-politisches Gesellschaftssystem" (*dīn wa-dawla*), das mittelalterliche Christentum auch.

Kontingenzbewältigung, biologische und soziale Programmierung leisten natürlich auch Versicherungsgesellschaften, nichtreligiöse Weltanschauungen, säkulare Rechtssysteme. Aber diesen Systemen fehlt (auch wo ihnen Symbolcharakter nicht abzusprechen ist) der Bezug zur „Anderen Wirklichkeit", zu Gott. Die „Bezugsmasse" religiöser Symbolsysteme belegte unsere Definition mit dem etwas unscharfen Ausdruck „*die Andere Wirklichkeit*"[2]. Damit will sie der Tatsache Rechnung tragen, dass in manchen

---

[2] Goodman, Felicitas D.: Die andere Wirklichkeit (Übersetzung aus dem Amerikanischen), München 1994.

Religionen die letzte Wirklichkeit unpersönlich oder transpersonal gefasst wird (das indische *brahma,* das buddhistische *nirvāṇa,* das chinesische *dao*) oder eine Unterscheidung zwischen persönlich und unpersönlich so gar nicht
existiert – ohne dass damit *Gott* (in Einzahl oder Mehrzahl)
als personales Gegenüber ausgeschlossen bleibt. Keine
Definition greift so, dass sie alles zu erfassen vermöchte,
was sie möchte. Es gibt Grenzfälle, die nicht oder schlecht
hineinpassen. Und oft sind solche Grenzfälle signifikanter
für eine Definition (und ihr Verständnis) als die „braven"
Normalfälle, die sich ihr fugenlos einpassen. Ist das Symbolsystem eines *Geisteskranken* Religion, wenn der Kranke
es auf eine Andere Wirklichkeit bezieht und es ihm Kontingenzbewältigung und Programmierung vermittelt? Religiöse Symbolsysteme von Geisteskranken werden von den
Gesunden nicht geteilt (nicht einmal verstanden), sondern
gelten nur für ihn. Aber Übergänge sind fließend: Religionsstifter werden von ihrer Umgebung für verrückt gehalten
(*Muḥammads* Gegner behaupteten, er sei von Dschinnen
(Geistern, Dämonen) besessen, also *majnūn:* verrückt; Sure
23, 25), bis sie beginnt, sein Symbolsystem für sich zu übernehmen. Ist das Symbolsystem eines religiösen *Kriminellen*
(Folterers, Selbstmordattentäters) Religion, wenn er es und
die letzte Wirklichkeit, worauf es sich bezieht (dreieiniger
Gott, *Allāh*), mit einer religiösen Mehrheit teilt, aber ihre
Programmierung anders als sie auslegt („ethnische Säuberung", Martyrium durch Selbsttötung mit Todesfolge auch
für Unschuldige)? Ist das Symbolsystem von Satanisten Religion, wenn es (Symbolik des Bösen) und die letzte Wirklichkeit, auf die es sich beruft (Satan), – im Unterschied

zum Wahnsystem von Geisteskranken – von Außenstehenden verstanden, die Programmierung aber (Alisteir Crowleys „Gesetz": „Tue, was Du willst!") von der übrigen Gesellschaft und ihren Werten nicht gebilligt werden kann? Auch hier sind Übergänge fließender, als einem lieb ist. Religionen tendieren (oft) dazu, „fremde" Religionen zu „verteufeln" oder zu „kriminalisieren". Schließlich sind Sokrates, Jesus, noch 1985 der islamische Neuerer Ṭāhā als Verbrecher hingerichtet worden; und der Papst gilt vielen protestantischen Heißspornen immer noch als Verkörperung des „Antichristen"!

2.

Die Frage, wie Religion entstand, interessiert uns hier nicht. Die Theorien hierüber – alte und neue (letztere suchen sogar religiöse Ansätze bei den tierischen „Vorfahren" des Menschen) – sind zu spekulativ, als dass sie sich an Fakten überprüfen ließen. Aber der Frage, wann Religion (nach unserem Verständnis) auftaucht, dürfen wir uns nicht entziehen. Offenbar, seit der Homo sapiens zu *Symbolbildung* fähig ist (*„semiologische Revolution"*[3]) und Symbole auch auf eine *„Andere Wirklichkeit"* oder *Gott* beziehen kann. Das dürfte seit vielleicht 40 000 Jahren möglich sein. Spätestens seit dem *frühen Jungpaläolithikum* existieren Funde, die eine religiöse Deutung erlauben.

Wo eine Gruppe die Leiber ihrer Toten nicht einfach dem Schicksal überlässt, sondern bewusst an einem be-

---

[3] Burkert, Walter: Fitness oder Opium?, in: Stolz, Fritz (Hg.): Homo naturaliter religiosus (StRH 3), Bern 1997, 13–38, hier 23.

stimmten Ort deponiert und arrangiert, spricht man von *intentioneller Bestattung*. Für viele Wissenschaftler fordert intentionelle Bestattung „zwingend" Glauben an eine leibunabhängige Seele, Geistmächte und eine jenseitige Welt, also Religion. Diese Interpretation ist nicht bindend. Pflegliche Behandlung des Leichnams mag ganz einfach der Pietät einem zu Lebzeiten geliebten Menschen gegenüber entspringen, braucht also mit Religion nichts zu tun zu haben. Für das Mittelpaläolithikum sind ganz wenige intentionelle Bestattungen gesichert und legen – jedenfalls für Shanidar im irakischen Kurdistan (der Tote, übrigens ein Krüppel, ruhte in einem Blumenbett!) – keine religiösen Motive nahe.

Schädelkulte und *Anthropophagie* setzen die Vorstellung voraus, der Schädel sei besonderes Kraftzentrum, Besitz von Schädeln und ihr Kult horte und kumuliere diese Kraft und mache sie für den jeweiligen Besitzer verfügbar; Essen von Menschenfleisch und Knochenmark lasse den Esser die darin gespeicherte Kraft in sich aufnehmen. Angebliche Belege für solche Praktiken im Mittelpaläolithikum haben sich jedoch sämtlich als unhaltbar erwiesen: Verletzungen von Schädeln und Langknochen des Fundmaterials rühren von Karnivorenverbiss (Tierfraß) und unsachgemäßen Ausgrabungstechniken (Sprengungen!). Und wären sie haltbar, so belegen sie nicht unbedingt religiöses Verhalten (dazu bedürfte es eines eindeutigen Bezuges auf die Anderwelt, der für Kopfjagd und Kannibalismus in historischer Zeit nachweisbar ist; s. u. VIII, 4, auch III, 3).

Bärenkulte basieren auf dem Glauben an eine jenseitige Welt, der die Seele des lebenden Bären entstammt und in

die die Seele des gejagten und getöteten wieder zurückkehrt, oder an eine Seele, die sich mit den intakten und rituell arrangierten Knochen (des getöteten Jagdtiers) wieder
zu neuem Leben vereinigt (s. u. VII, 7), und an eine Gottheit
(einen „Herrn der Tiere") als Schutzmacht des Jagdwildes.
Mittelpaläolithische Vergesellschaftungen fossiler Bären-
knochen verdanken sich aber nicht menschlichem Eingrei-
fen – also nicht vermuteten Bärenkulten, mithin nicht reli-
giösem Verhalten –, sondern natürlichen „geologisch-sedi-
mentologischen Sortierungsvorgängen" (also der physikalischen Einwirkung von Strömung und Einsteuerung durch
das Transportmedium Wasser).[4] Die vielleicht älteste *Göt-
terfigur* der Menschheitsgeschichte stammt aus dem frühen
Jungpaläolithikum (Fundort: Hohlenstein-Stadel, Schwäbi-
sche Alb): eine (weibliche) Figur mit Bärenschnauze (oder
Löwenkopf) und Pferdehufen. Mischgestaltige Lebewesen,
halb Mensch, halb Tier, gibt es nicht, außer in einer „Anderen Wirklichkeit": also ein eindeutig religiöses Symbol
(wohl eine „Herrin" oder ein „Herr der Tiere") – will man
nicht annehmen, es handle sich um das schiere Produkt
künstlerischer spielerischer Phantasie (aber ohne die ist
Symbolbildung – gerade religiöse – ohnehin nicht denkbar!).
Symbolfiguren sind möglicherweise auch die sog. Venus-
figuren aus dem mittleren Jungpaläolithikum (am bekann-
testen wohl die Venus von Willendorf): gesichts- (aber nicht
kopf-)lose Frauenfigürchen mit riesigen Brüsten, voluminö-

---

[4] Vgl. Wunn, Ina: Bärenkult in urgeschichtlicher Zeit, in: ZfR 7 (1999)
3–23. Zum Folgenden vgl. dies.: Religion und steinzeitliche Kunst, in:
ZfR 8 (2000) 193–211.

ser Bauch-, Hinter-, Schenkelpartie und deutlich markiertem Schamdreieck. Sicher nicht Porträt oder Idealdarstellung der damaligen Frau! Also Symbol einer göttlichen Herrin der Tiere und der Fruchtbarkeit; vielleicht auch oder zugleich kraftgeladener Talisman, den zu berühren und zu tragen der Besitzerin Fruchtbarkeit und leichte Geburt beschied oder dem Träger erotische Macht über das andere Geschlecht einbrachte, vielleicht schützendes Amulett (weibliche Nacktheit hat u. a. apotropäische Funktion).

Symbolik mit Bezug auf eine Andere, göttliche Realität, Religion, ist bei heutigem Erkenntnisstand demnach frühestens seit dem frühen Jungpaläolithikum menschlicher Kulturbesitz. *Religion ist die Erkenntnis, dass der Mensch sich nicht sich selber – sondern etwas anderem – verdankt.* Es scheint, dass der Kulturbesitz Religion dem Homo sapiens sapiens entscheidende *Selektionsvorteile* gegenüber anderen Lebewesen (im Jargon der Soziobiologie: „Fitness zum Überleben") eingebracht hat: Strategien zum Umgang mit Angst und zur Daseinssteigerung (Kontingenzbewältigung), Erweiterung des Gen-Pools durch Inzestverbot und Exogamiegebot (der Ehepartner muss einer anderen Gruppe als der eigenen angehören) und Entwicklung von Formen des Altruismus, die das Überleben der Gruppe und damit des Einzelnen in der Gruppe ermöglichen (biologische und soziale Programmierung). Die Frage muss gestellt (wenn auch nicht unbedingt bejaht) werden, ob in Zukunft nichtreligiöse kulturelle Systeme den Selektionsvorteil der Gattung Mensch ebenso gut (oder noch besser) abzusichern in der Lage sind wie die Religion.

Und eines ist nachzutragen: Man hat der Religion immer wieder vorgeworfen, sie schüre die Angst (so schon der berühmte Satz aus epikureischen Kreisen: *primus in orbe deos fecit timor* – als erste in der Welt schuf Angst die Götter). Aber selten macht man sich klar, in welch hohem Maße Religion Ursache von Lebenssteigerung, von überschäumender Freude ist. Man vergegenwärtige sich einmal die vielen Feste im Jahreskalender jeder Religion!

II.
Bild und Wort

1.

„Wer formt auch einen Gott und gießt ein Bild, dass es nichts nütze? ... Der Eisenschmied macht es in der Kohlenglut und formt es mit Hämmern, arbeitet es aus mit starkem Arm ... Der Zimmermann spannt die Richtschnur, zeichnet den Umriss mit dem Stifte, führt es aus mit den Schnitzmessern und mit dem Zirkel nach dem Körperbau (*tabnīt*) eines Mannes, einem stattlichen Menschen gleich, ein Haus zu bewohnen. Er fällt sich Zedern, er nimmt eine Steineiche oder sonst eine Eiche ... Teils heizt er damit, um Brot zu backen, teils macht er daraus einen Gott und wirft sich nieder, formt es zum Bilde und kniet vor ihm." (Jes 44, 10–15) Was wir hier zu hören bekommen, ist ein typischer Vorwurf von „Buchreligionen" an die Adresse von „Kultreligionen", in unserm Fall: eine Passage des Alten Testaments, die sich in mokanter Weise gegen religiöse Praktiken ihrer „heidnischen" Umwelt abgrenzt. Unter „*Kultreligion*" verstehen wir ein Symbolsystem, dessen Bezug auf die Andere Wirklichkeit *eidetisch*-taktil in Kultbild und Kultstatue, unter „*Buchreligion*" ein solches, dessen Bezug auf die Andere Wirklichkeit *akroamatisch*-graphisch in Heiligem Wort und Heiliger Schrift realisiert wird.[5] „*Duftreligionen*" mit (mehr-

---

5 Klimkeit, Hans-Joachim: Heilige Schrift und heiliges Bild, in: ders. (Hg.): Götterbild in Kunst und Schrift, Bonn 1984, 1–17.

heitlich) *makrosmatischer* Realisierung ihres „anderwelt-
lichen" Symbolbezugs existieren (leider) nicht – wohl aber
in allen Religionen einzelne Geruchssymbole (Weihrauch-
duft im orthodoxen Gottesdienst als Symbol für das Wehen
des Heiligen Geistes; überhaupt Wohlgeruch als Symbol
des Heiligen, Gestank als das des Bösen und Dämonischen).
Im *Necronomicon* des wahnsinnigen Arabers Abdul Alhaz-
red, der fiktiven Quelle des (Lovecraftschen) Cthulhu-Kul-
tes, verlautet es von den Alten Göttern: „An ihrem Geruch
sollt ihr *Sie* erkennen. *Ihre* Hand ist an eurer Kehle, und
doch seht ihr *Sie* nicht …"

2.

Es gibt Religionen, die *keine bildliche Darstellung* lebender
Wesen überhaupt, schon gar nicht Gottes, dulden oder die
nur Bilder der Gottheit verbieten oder verpönen. All diese
Religionen sind *Buchreligionen*: Islam, Judentum, Zoroastrismus (Parsismus). Bei ihnen hat sich Gott im Wort offenbart. Und dieses Wort ist in Heiligen Schriften fixiert:
Qur'ān, Tenach (hebräische Bibel), *Abestāg* (Awesta). Die
vornehmste Beziehung zwischen Gott und Mensch ist nach
islamischer Auffassung die der Ansprache und Ansprech-
barkeit durch das Wort. Diese Beziehung ist nur zwischen
Personen möglich. Allerdings ist Gott der Schöpfer, der
Mensch sein Geschöpf. Daraus ergibt sich für den Islam das
Verbot, lebende Wesen abzubilden. Denn der Mensch soll
sich nicht als Schöpfer Gott zur Seite stellen wollen, indem
er Gottes schöpferische Tätigkeit nachahmt. In Teppiche
geknüpft sind Figuren von Lebewesen deshalb erlaubt, weil
sie der Mensch da mit Füßen tritt oder mit dem Hintern

berührt, ein Vergleich mit dem Schöpfer oder die Gefahr der Kreaturverehrung daher von selbst wegfällt. Etwas toleranter sind die Schiiten. Man denke etwa an die herrlichen Buchmalereien, die Szenen aus dem persischen Nationalepos *Shānāma* darstellen. Wie die Aktion der *Ṭālibān* im Jahre 2001 beweist, können „Götzenbilder" (die zwei Buddha-Statuen von Bamiyan) unnachsichtig zerstört werden, auch wenn es sich um „Weltkulturerbe" handelt. Sofern sie bloß physikalisch-technisch wiedergeben, was (schon) existiert, fallen TV, Film, Fotografie nicht unter das islamische Bilderverbot, denn ihre Bilder gelten nicht als künstlerische Neuschöpfung. Aber schon Trickfilme verlangen rabulistische Interpretionsarbeit! Das Bilderverbot im Judentum ist durch den Dekalog gefordert (Ex 20, 4 ff). Im Zoroastrismus präsentiert sich *Ahura Mazdāh/Ohrmazd* einige Male figürlich-monumental in Fels gehauen: wie er (in der geflügelten Sonnenscheibe stehend oder hoch zu Ross oder stehend und von einer Göttin flankiert) den „König der Könige" inthronisiert (Behistun, Naqsh-i Rustam, Taq-i Bustan). Außerhalb dieser unorthodoxen Instrumentalisierung des Gottes für dynastische Belange (göttliche Legalisierung der Achämeniden und Sassaniden) wurde der Gott gelegentlich unter dem Einfluss benachbarter antiker Kultreligionen abgebildet; sein eigentliches Symbol in seinen Tempeln ist jedoch das (brennende) Feuer (seine Verehrer, die Parsen, gelten deshalb – zu Unrecht – als „Feueranbeter").

3.

Buch- und Kultreligion zeigen sich oft miteinander *vermischt*: Neben Kultbild und Statue tritt religiöses Schrifttum verschiedenster Gattungen (Mythen, Kultanweisungen, Hymnen, Totentexte, Weisheitsliteratur u. a. m.), wie wir es etwa aus dem Alten Ägypten kennen. Oder neben kanonisches (als göttliche Offenbarung und heilige Überlieferung fixiertes) Schrifttum treten – wie im Hinduismus, Buddhismus, Christentum – Kultbild und Kultstatue mit verschiedener religiös-theologischer Gewichtung, die sich mit der Zeit in den einzelnen Religionen auch wandeln kann. Man denke an die bilderfeindlichen Tendenzen und Synoden in der christlichen Ost- und Westkirche des 8. und 9. Jahrhunderts oder an das „Abtun der Bilder" in der Reformation, das den reformierten Zweig des Protestantismus bis heute zu einer reinen Buchreligion werden ließ. Die „Bilderfreundlichkeit" der elektronischen Kommunikationsmittel („Bildschirm"!) könnte hier in Zukunft „Retuschen" (in Richtung Bild) eintragen. Christliche Gegner von Bilderverehrung (Ikonoklasten) stoßen sich am volksreligiösen Umgang mit Bildern, am Glauben an wundertätige oder sprechende Bilder, an Legenden, wonach Heilige leibhaft aus ihren Bildern heraustreten und helfen, und verweisen dagegen auf das alttestamentliche Verbot von Bilder- und Kreaturverehrung (s. o. 2). Die Ost- und die katholische Westkirche rechtfertigen die Bilderverehrung mit der Formel, die *Verehrung* des Bildes ziele nicht auf dieses selbst, sondern „auf den *Prototyp*" (das abgebildete „Urbild": ein Heiliger/eine Heilige, die Madonna), *Anbetung* dagegen komme allein *Gott* (der Trinität) zu.

4.

Kultreligionen (oder „gemischte" mit Bild und Schrift) haben (z. T. elaborierte) Theorien darüber entwickelt, wie es
möglich ist, dass eine Gottheit verehrt werde, indem man
ihr *Bild* verehre. Oder wie eine Gottheit in ihrem *Kultbild*
so präsent sein könne, dass *ihr* (nicht dem Bild) Verehrung
zukommt. Platon meinte, die beseelten Götter würden sich
darüber freuen, wenn die Menschen ihren unbeseelten Abbildern Ehre erwiesen, und ihnen deswegen gnädig sein.
Der Hinduismus begnügt sich nicht mit „unbeseelten" Abbildern der Gottheit: ein besonderes Ritual (*adhivāsana*)
muss das Bild „beseelen", d. h. die dargestellte Gottheit (die
ja überall sein kann, wo sie will) veranlassen, in ihm Wohnsitz zu nehmen, wodurch Verehrung, Pflege und Beopfe-
rung des Bildes erst Sinn und Ziel erhalten. Und im Alten
Ägypten werden Statuen, die eine Gottheit darstellen, dadurch zum Gegenstand menschlicher Verehrung und Ansprache, dass sie als ihr materieller Leib (*djet*) gelten, worin
sich seelische Manifestationen (Offenbarungen) der Gottheit (*kaū* und *baū*: ihre Vital- und Exkursionsseelen; s. u.
VII, 6) niederlassen.

5.

Auch der *Mensch* kann Götterbild, „*Bild Gottes*", werden
oder seinem Wesen nach sein. In tantrischen Kulten („sekta-
rischen" Kultformen im Hinduismus) wird eine lebende
junge Frau (für eine Nacht) zum Kultbild der Weltmutter
Kālī. Das gleiche Ritual, das Tempelstatuen (s. o. 4) beseelt
(*adhivāsana, nyāsa*), lässt die Gottheit in die junge Frau

„hineinfahren". Der Gläubige, der sie verehrt (schmückt, beräuchert, beopfert und beschläft), erwirbt sich ebenso viele Verdienste wie durch Verehrung der Göttin an den Standorten ihrer Statue in den Tempeln. Im Mittleren Reich ist der Pharao das Ebenbild (*tūt, tīt*) des Reichsgottes Amun: der Gott hat ihn (durch göttlichen Ehebruch) mit der jungfräulichen Königin gezeugt, noch bevor ihr königlicher Gemahl und „nomineller Vater" des Pharaokindes die Ehe mit ihr vollzog. Dieser „göttliche Ehebruch", der jeden Pharao zum Ebenbild des Reichsgottes macht, findet sich in den Tempeln von Dar al-Bahri und Luxor in Wort und Bild verewigt. Ein noch älterer weisheitlicher Lehrtext (Papyrus Petersburg 1116 A) erklärt *alle* Menschen zu Abbildern Gottes, „die aus ihm selbst hervorgegangen sind". Gott „hat um sie einen Schrein errichtet", das meint: er schützt sie so, wie die Priester ein Gottesbild schützen, wenn sie es außerhalb ihres Tempels bei einer Prozession mitführen. Altägyptisches Königs- und Menschenbild gibt den kulturgeschichtlichen Hintergrund ab für die alttestamentliche Aussage, Gott habe den *Menschen*, männlich und weiblich, nach seinem Bild geschaffen (Gen 1, 27), dann für Spekulationen des Philon von Alexandrien, Gottes Schöpfungs*wort* (Gen 1, 3), „der göttliche Logos", sei „der erstgeborene Sohn Gottes", sei „Gottes Eben*bild*" (*eikōn theou*) – und für den neutestamentlichen Kolosser-Hymnus, welcher Christus als „das Ebenbild des unsichtbaren Gottes, den Erstgeborenen der ganzen Schöpfung" (Kol 1, 15 f) besingt. Das Vokabular Philons (und durch ihn des Kolosser-Hymnus) freilich entstammt Platons Gedankenwerkstatt, der allerdings die *ganze Schöpfung*, den Kosmos, weil Verwirklichung der göttlichen Ideen,

zum Abbild (*eikōn*) des Schöpfers, zum sinnlich wahrnehm-
baren Gott erklärt (*Timaios* a. E.). Und als sinnlich wahr-
nehmbarer Gott, nämlich als Fleisch gewordenen göttlichen
Logos, verkündet der Johannes-Prolog (in Anlehnung an
Philons Vokabular) den Gottmenschen Jesus Christus (Joh
1, 1ff). Und so schließt sich der Bogen zum Kreis: Der
Mensch kann nicht nur „Bild Gottes", ein Mensch kann auch
Wort Gottes sein. Der Koran nimmt keinen Anstoß daran,
Jesus Wort (*kalima*) Gottes zu heißen (Sure 4, 171).

6.

Gottesbild und Gotteswort dienen manchem Adepten dazu,
durch Meditation über ihre äußere Form und Versenkung in
ihren gedanklichen Inhalt zur Vereinigung mit ihrem Prototyp (s. o. 3), mit Gott, zu gelangen.[6] Bild und Wort werden
so Katalysatoren (Auslöser) einer Religionsform, die weder
des Bildes noch des Wortes mehr bedarf: der „*mystischen
Religion*". Sie ist neben Kult- und Buchreligion der dritte
große Religionstyp.

---

[6] Vgl. Zimmer, Heinrich: Yoga und Buddhismus, [Frankfurt a. M.] [1]1990
(ND), 73–253.

III.
Magie und Zauber

1.

Wir haben „Symbol" definiert als „etwas, das etwas bezeichnen kann, was es selbst *nicht* ist" (s. o. I, 1), und die Beziehung zwischen dem Symbolzeichen und dem damit Bezeichneten als *Verweisungs*beziehung: ein Stich von Rubens, Gottvater und Sohn darstellend, wie sie gemeinsam Marien krönen, über deren Scheitel die Geisttaube ihre Flügel schwingt, *ist* natürlich *nicht* Trinität noch Himmelskönigin noch Krönung, sondern verweist darauf. Nun kennt die Welt der Religion aber auch Symbole, bei denen Symbolzeichen und Bezeichnetes „zusammenfallen" (*sym-bolon* = Zusammen-Fall) und zueinander in *Identitäts*beziehung stehen: Brot und Wein *ist* nach lutherischem Abendmahlsverständnis Leib und Blut Christi, verweist nicht bloß darauf wie nach reformierter Auffassung! Auch dieser Form von Symbol begegneten wir schon im voraufgehenden Kapitel, und oft war dort eine genaue Abgrenzung der beiden Symbolvarianten gar nicht möglich. Das 2. Konzil von Lyon (1274) verurteilte „den verabscheuungswürdigen Missbrauch", „gemalte oder geschnitzte Bilder des Kreuzes, der seligen Jungfrau oder anderer Heiliger" unehrerbietig zu behandeln, sie auf die Erde herunterzuholen „und Disteln oder Dornen unter" (oder über) „sie zu legen". Das Verbot bestätigt die Praxis, Kreuze, Statuen und Bilder zu „bestrafen", deren Verehrung den Gläubigen nicht den gewünschten Erfolg (etwa erbetener Schutz in Gefahr) eingetragen hatte.[7] Ähnlich in traditionellen afrikanischen Gesellschaften: Hilft eine Statuette oder Maske, eine Ahnenfigur, „trotz vorschriftsmäßiger Verehrung wiederholt nicht", wird sie beschimpft, auf den Mist oder in den Busch geworfen (landet bestenfalls, weil unwirksam geworden, in einem europäischen oder amerikanischen Museum!). Die Schändung und Züchtigung von Kreuz, Bild, Maske trifft offenbar den Gekreuzigten und seine Mutter, Heilige und Ahnen selbst. Symbol und Prototyp sind identisch. Allenfalls mag man von stellvertretender Bestrafung sprechen. Aber damit sind wir schon mitten im Geltungs- und Wirkungsbereich der Magie.

2.

Die Möglichkeit von *Magie* basiert auf der Annahme, „die Welt, in der wir leben", der (soziale und natürliche) Kosmos sei ein Organismus, eine „*sympathetische Empfindungsgemeinschaft*"[8]: was *einem* Teilglied, *einem* „Organ" widerfährt, „affiziert instantan alle anderen mit". Daraus leiten sich die Grundregeln magischen Handelns ab: Der Teil ist wesensmäßig mit dem Ganzen verbunden (*pars pro toto*), Name und Wort mit dem von ihnen Benannten (Wortmagie), ein Bild mit dem von ihm Abgebildeten (Bildmagie), Schrift oder Zeichen mit dem damit Bezeichneten (Schrift- oder Zeichenmagie), Ähnliches mit dem ihm Ähnlichen

---

[7] Angenendt, Arnold: Heilige und Reliquien, München 1994, 212f.
[8] Müller, Klaus E.: Sympathie, in: Zs. f. Parapsychologie und Grenzgebiete der Psychologie 37 (1995) 131–144, hier 136.

(*similia similibus*), Imitat mit dem von ihm Imitierten (Wiederholungsmagie), Berührendes mit dem von ihm Berührten (Kontaktmagie), Stellvertretendes mit dem von ihm Vertretenen (Stellvertretungsmagie), die Folge mit dem Grund (Inversionsmagie) u. a. m. „Arrangiert" der Magier das erste – dann hat er Macht über das zweite: Setzt er sich in Besitz von Haaren, hat er Macht über die zugehörige Person; kennt oder nennt er ihren Namen oder verfügt er über ein Bild von ihr, hat er Gewalt über sie. Schreibt er einen Fluch, trifft der ein (falls aufgezeichnet, dauert der Fluch länger, aber die Zeichen können verändert, getilgt werden oder in falsche Hände geraten – das mündliche Wort nicht!). Verfertigt er eine Puppe und durchsticht sie, stirbt das ihr ähnliche Opfer ähnlich. Imitiert er Kampf und Sieg (vorher) im Tanz, ist der Sieg im Kampf gewiss (vgl. u. VIII, 4); oder wiederholt er etwas, was schon einmal Erfolg hatte, und beruft sich dabei auf diesen Mustervorgang („mythischer Präzedenzfall"), wiederholt sich auch der frühere Erfolg. Verschafft er sich einen Gegenstand, der mit einer Person in Körperkontakt stand (gebrauchtes Gerät, Kleid), bemächtigt er sich damit der Person selbst. Ein Ritus, den er am (anwesenden) Stellvertreter vollzieht, tritt für den abwesenden Vertretenen in Kraft. Inszeniert der Magier die Folge (baut er einen Regenschutz), bewirkt er damit den Grund (Regen). Wie man sieht, sind die einzelnen Arten von Magie oft kaum voneinander zu scheiden, was wiederum mit der totalen Vernetztheit des „magischen Universums" zusammenhängt.

3.

Zauber beruht auf dem Glauben an (unpersönliche oder persönliche) Kräfte in lebenden Wesen, Dingen, Substanzen und auf dem Wissen darum, wie man sich dieser für bestimmte Zwecke bedienen muss. Der Zauberer kennt heilende oder tödliche Kräfte in Pflanzen, Mineralien, tierischen Organen, kennt Substanzen, deren Verbrennen Dämonen vertreibt, deren Inhalieren in Rausch und Ekstase versetzt, kennt Kräutertränke, die Liebe erregen oder Abscheu erwecken, und vieles dergleichen mehr.[9] Obwohl „Magie" und „Zauber" in der Umgangssprache häufig, in der religionswissenschaftlichen Terminologie gelegentlich synonym gebraucht werden, handelt es sich – wie man sieht – um Bezeichnungen für ganz verschiedene Techniken. Das terminologische Verwirrspiel rührt teilweise auch daher, dass *in praxi* oft beide zum gleichen Zweck zusammenwirken. Etwa, wenn eine Heilpflanze zur besseren Entfaltung ihrer Kräfte noch „besprochen" wird („so, wie du früher geholfen hast, hilf auch jetzt!"), indem Wiederholungsmagie (Rückgriff auf den „mythischen Präzedenzfall") den Heilzauber (Pflanzenzauber) verstärkt. Oder wenn einem Zauberer Blut mit den darin konzentriert enthaltenen Vitalkräften mangelt und er stattdessen den magischen Stellvertreter Rotwein verwendet.

4.

Magie und Zauber bedürfen an sich der *Religion* nicht, damit sie funktionieren: Der Magier, der ein paar Haare

---

[9] Materialsammlung bei Böcher, Otto: Dämonenfurcht und Dämonenabwehr (BWANT 90 = 5. F. 10), Stuttgart 1970.

verbrennt, die er insgeheim an sich gebracht hat, um deren Eigentümer zu töten, bedarf der Religion nicht; noch bedarf ihrer der Zauberer, der für jemanden ein Aphrodisiakum zusammenbraut. Religion umgekehrt ohne Magie und Zauber (Anbetung „im Geist und in der Wahrheit") ist denkbar und nicht ausgeschlossen (vgl. o. II, 6), aber nicht die Regel. Zwar weiß der religiöse Mensch, dass er sich nicht sich selber verdankt, er weiß also um seine „Abhängigkeit" von der „Anderen Wirklichkeit"; aber er wünscht doch auch, diese in seinem Sinne zu beeinflussen, und dazu dienen ihm auch Magie und Zauber als „religiöses Instrumentar". So gilt die römische Messe als „unblutige Repräsentation des blutigen Kreuzesopfers" Christi und als „Erneuerung" dieses Opfers; sie „appliziert" die Verdienste, die sich Christus durch das einmalige Kreuzesopfer erwarb, den Gläubigen. Das ist nichts anderes als Wiederholungsmagie. Zu den Tempelritualen der Mormonen gehört die Totentaufe: Lebende Gläubige werden (nach 1 Kor 15, 29) für ihre verstorbenen Vorfahren getauft, um ihnen postmortal an den Segnungen des mormonischen Evangeliums Anteil zu geben; „da man entkörperte Geister aber nicht taufen oder ihnen die Hände auflegen kann, bedarf es dafür lebender Menschen, die das stellvertretend an sich vollziehen lassen" – Stellvertretungsmagie. Weil die Toten, denen die Taufe zukommt, beim Namen genannt werden müssen, damit sie *ihnen* zukommt (Wortmagie), betreibt die Mormonenkirche in Archiven und Kirchenbüchern der ganzen Welt genealogische Namensforschung. Für den Reliquienkult (nicht nur der katholischen Kirche) gilt der Satz des Victricius von Rouen (gest. 407): „ubi est aliquid, ibi totum est" (wo ein Teil ist, ist das

Ganze, d.h. jede Partikel eines Heiligen ist der ganze Heilige) – also *pars-pro-toto*-Magie. Selbst was mit einer Reliquie in Berührung kam, wird als „Berührungsreliquie" – kontaktmagisch – selber Reliquie mit deren Wirkkraft. Weihrauch entfaltet im Kult Dämonen abwehrende Kraft; und der Speichel, womit der Priester nach altem römischem Ritus dem Täufling Nase und Ohren netzt, schützt diese Körperöffnungen vor dem Einfahren unsauberer Geister. Ein mittelpersisches Buch, das *Ardā Virāz Nāmag*, schildert, wie eine zoroastrische Gemeinde die Seele eines ihrer Priester durch eine Dosis Hanf mit Wein (*may ud mang*) vorübergehend vom Körper trennt und ins Jenseits schickt, damit sie dort von *Ohrmazd* Antwort auf bestimmte Fragen einhole, die die Gemeinde umtreiben. In allen drei Fällen handelt es sich um religiösen Gebrauch von menschlichen (Speichel) und pflanzlichen (Weihrauch, Hanf und Wein) Zaubersubstanzen mit kathartisch-antidämonischer und berauschend-ekstatischer Wirkung.

5.

Zwei zentrale Lebensformen von Religion – *liturgisches Wort* und *Sakrament* – mögen deren „Symbiose" mit Magie und Zauber zum Abschluss dieses Kapitels nochmals anschaulich machen.[10] Im altrömischen Gesetz der Zwölf Tafeln (VI, 1) ist der Grundsatz aufgestellt: *uti lingua nuncupassit, ita ius esto* – wie die Zunge es ausspricht, so soll es

---

[10] Zum Folgenden vgl. Ogilvie, Robert M.: … und bauten die Tempel wieder auf. Die Römer und ihre Götter im Zeitalter des Augustus (Übersetzung aus dem Englischen), München 1984 (ND), 41f und 53ff; Hasenfratz, Hans-Peter: Das Christentum, Zürich 1992, 33f und 210ff.

rechtsgültig sein. Das bedeutete, dass, wer sich vor Gericht zu seinen eigenen Ungunsten verspricht, den Versprecher nicht korrigieren kann und den Schaden davonträgt; es bedeutete auch, dass jemand, der in einem Prozess (versehentlich) vom festgelegten Wortlaut der Formeln abwich, ihn schon verloren hatte. Das feierlich ausgesprochene oder genau festgelegte Wort ist bindend – Wortmagie. In der gottesdienstlichen Liturgie kommt es, erst recht, auf jedes Wort an; denn ein Versprecher trifft hier nicht nur den Einzelnen, sondern die Gemeinschaft. Bei öffentlichen Opfern und Gebeten sprechen die höchsten römischen Beamten nach festen Formeln. Und damit kein Wort übergangen oder an falscher Stelle gesprochen wird (so Plinius), liest sie ihnen jemand vor und sie wiederholen das Vorgelesene Satz für Satz. Dabei muss unter den Umstehenden absolutes Schweigen herrschen (um zu verhindern, dass von dort her ein unbedachtes Wort dazwischenfährt und den Sinn des Gesprochenen bedenklich verdreht). Und auf dass kein solch unliebsames Wort zu hören sei, spielt ein Flötenspieler, es allenfalls zu übertönen. Man stelle sich vor, der Sprecher begönne mit der feierlichen Anrufung: „Janus, Jupiter, Mars …!" – und der Ausruf „Dummkopf!" ließe sich laut und vernehmlich hören, weil einer aus dem Publikum einem andern unabsichtlich auf die Füße getreten war! Die Zeremonie müsste abgebrochen, die beleidigten Gottheiten besänftigt, die ganze aufwendige Veranstaltung (mit neuen Opfertieren) wiederholt werden. Und ein böses Omen wäre es außerdem noch.

Das – wohlgemerkt hier immer religionswissenschaftlich betrachtet – vielleicht merkwürdigste religiöse Ritual ist das christliche Herrenmahl. Denn das Verzehren und Trinken der

Kultgottheit ist (wenn wir etwa von mänadischer Omophagie absehen) in der Welt der Religion singulär. Der Religionsstifter Jesus von Nazareth gibt seinen Leib und sein
Blut seinen Anhängern zum Verzehr preis, indem er durch
einen magischen Substitutionsakt („dies ist mein Leib" –
„dies ist mein Blut") Brot und Wein an die Stelle seines Leibes und seines Blutes treten lässt. In der magischen Praxis
ersetzen Brot und Wein geläufig Fleisch und Blut (Stellver-
tretungs- und Ähnlichkeitsmagie). Durch den Verzehr gehen
die Kräfte der verzehrten Substanzen in die Verzehrenden
über und binden so Empfänger und Spender wesensmäßig
aneinander (Bindezauber). In etwa vergleichbare Rituale finden sich nur noch im Liebeszauber aller Zeiten: Eine Frau
kann einen Mann an sich binden, wenn sie ihm Brot, das auf
ihrem nackten Hintern geknetet oder in ihrer Achselhöhle
getragen wurde, und Blut oder Menstruationsblut, ins Brot
eingebacken oder einem Trank beigemischt, unter seine Nahrung praktiziert (mittelalterlichen Beichtspiegeln und neuzeitlichen Zauberbüchern ist das Prozedere wohlbekannt –
von den einen mit Bußen belegt, von den andern als bewährt
empfohlen). Im christlichen Abendmahl sieht diese Betrach-
tungsweise Magie, Zauber, Religion zu sakramentaler Einheit
verschmolzen: stellvertretungsmagischer Bindezauber, durch
den die Gemeinde (essend und trinkend und dadurch ge-
meinschaftlich untereinander verbunden) an der Substanz
des Stifters und den an ihn geknüpften Verheißungen parti-
zipiert, nachdem sie sich durch liturgische Rezitation des
biblischen Einsetzungsberichts wiederholungsmagisch auf
den „mythischen Präzedenzfall" (letztes Mahl Jesu mit den
Jüngern: Mk 14, 22–25; 1 Kor 11, 23–25) berufen hat.

IV.

Werk und Gnade

1.

Der religiöse Mensch weiß, dass er sich nicht sich selber verdankt, also um seine „schlechthinnige Abhängigkeit" vom Göttlichen. Aber er möchte dieses auch (handelnd) in seinem Sinne beeinflussen (im Altägyptischen
heißt „Religion" bezeichnenderweise *iret ikhet*: etwas tun,
agieren!): durch Magie, Zauber, Opfer, Begehung, Gebet
(s. o. III, 4 und 5), Halten der göttlichen Gebote (durch moralisches Handeln und entsprechende Gesinnung), Gottes-
verehrung. Vertrauen auf die Wirksamkeit eigenen Tuns
und Bewusstsein totaler Ohnmacht dem göttlichen Wirken
gegenüber – Religion kennt beides, ja jede Religion ließe
sich danach beschreiben, in welchem Mischungsverhältnis
beide zueinander stehen. Die Inder nennen das eine den
„Meerkatzcnweg" (*markaṭakiśoranyāya*): der Mensch ist
Gott gegenüber aktiv, er klammert sich an ihn wie ein
Affenjunges an die Mutter. Das andere den „Katzenweg"
(*mārjārakiśoranyā*): der Mensch ist passiv, er lässt Gott an
sich geschehn und sich tragen wie ein Katzenjunges vom
Maul der Mutter. Und *beide* Wege enden bei Gott. Zum
Problem werden diese beiden Wege dann, wenn philoso-
phisch-theologische Spekulation über das Verhältnis göttlicher Allmacht und menschlicher Willensfreiheit nachzu-
sinnen beginnt. Das ist im Islam und im Christentum
gründlich durchexerziert worden und hat hier wie dort zu

bedeutsamen Spaltungen geführt, die in beiden Kulturen nach wie vor virulent sind.

2.

Im *Koran* finden sich Sätze wie: Gott führe irre, wen er wolle, und leite recht, wen er wolle (Sure 74, 31a. E.). Hieraus schlossen die *Dschabriten* (arab. *jabr*: Zwang, Prädestination), dass Gottes unbegrenzte Allmacht die einen zum Guten, die andern zum Bösen bestimme und damit auch zum entsprechenden postmortalen Los. Hart daneben dann lesen sich Sätze wie: ein jeder hafte für das, was er (in seinem Erdenleben) begangen habe (Sure 74, 38). Hieraus schlossen die *Mutaziliten* (arab. *'azala*: trennen; also die, die sich absondern, Schismatiker) oder *Qadariten* (arab. *qadar*: Macht; gemeint: des eigenen Tuns) auf menschliche Willensfreiheit; denn Gott könne gerechterweise den Menschen nur für etwas verantwortlich machen, was dieser aus freien Stücken tue; mehr noch, Gott *müsse* gerecht sein; denn es wäre ungerecht, den Menschen für etwas zu belangen, dessen eigentlicher Urheber nicht *er* sei. Den Mutaziliten wurde damals von ihren „prädestinatianischen" Gegnern vorgehalten, ihr Gott, dessen Allmacht durch ein Prinzip, und wäre es die Gerechtigkeit, eingeschränkt ist, sei ein unfreier Gott (eigentlich gar kein Gott).[11] Es ergibt sich so das Dilemma: Wenn der Mensch frei ist, muss Gott gerecht, also unfrei, sein; wenn Gott frei, also allmächtig, ist, muss

---

[11] Vgl. Goldziher, Ignaz: Vorlesungen über den Islam (RWB 1), Heidelberg ²1925, 98ff.

der Mensch unfrei sein. Im Grundsatz sind die Sunniten Anhänger der (doppelten) Prädestination geblieben: unter den muslimischen Artikeln des Glaubens rangiert bei ihnen auch der an die göttliche Vorherbestimmung. Er fehlt bei den Schiiten, die sich hierin als Nachfolger der Mutaziliten ausweisen. Und das ist vielleicht kein Zufall. Im Iran, Hochburg der Schia, wirkt noch zoroastrisches Gedankenerbe nach. Im Zoroastrismus „wählt" (*var-*) der Mensch frei, ob er sich auf die Seite des guten oder des bösen göttlichen Urprinzips stellen will („Religion" heißt awestisch *varana*: freie „Wahl"). Wo dem Menschen Willensfreiheit zugesprochen wird, hält man ihn aber auch für religiös „erziehbar", da bilden sich erzieherische, kirchenähnliche Strukturen mit Mollas, Mojtaheds, Ayatollas usw., die in der Sunna fehlen.

3.

Im *Christentum* ist die Anthropologie Ausgangspunkt der Diskussion um Werk und Gnade, menschliche Willensfreiheit und Allmacht Gottes. Nach *katholischer* Lehrtradition[12] besaß der Mensch im „Urstand" (so, wie er von Gott gewollt war, vor dem „Sündenfall") Spiritualität (*similitudo Dei*) und freien Willen und Ratio (*imago Dei*). Durch den Sündenfall habe er die Spiritualität eingebüßt, geblieben seien ihm freier Wille und Ratio (wenn auch durch den Wegfall der übernatürlichen göttlichen Gabe der Spiritua-

---

[12] Vgl. Loofs, Friedrich: Symbolik oder christliche Konfessionskunde, I (GThW 4, 4), Tübingen/Leipzig 1902, 264ff, 216ff und 350ff.

lität geschwächt). Gott selbst ist nach herrschender (thomistischer) Lehre an die moralischen Gesetze gebunden und kann sie nicht ändern (ist hierin also unfrei). Also muss er zur Wiederherstellung des gestörten Verhältnisses zwischen ihm und der gefallenen Menschheit an den *freien* Willen und die Ratio des Menschen anknüpfen. Und dazu bedient er sich der Kirche, die sich als Erziehungs- und Heilsanstalt an den freien Willen und die Vernunft des Menschen wendet und ihm (nach freiwilliger Zustimmung) durch die Sakramente die übernatürlichen göttlichen Gnadengaben (die verlorene Spiritualität) vermittelt, die den urzeitlichen Fall heilen. Die Kirche, Institution zur „Erziehung des Menschengeschlechts" und Heilsanstalt, ist „so sichtbar und tastbar wie … das Königreich Frankreich oder die Venezianische Republik" (Bellarmin, gest. 1621). Außer ihr gibt es kein Heil. Hier hätten wir also das mutazilitische Modell: unfreier Gott – freier Mensch. Das dschabritische Modell bietet in seiner extremsten Ausprägung die *reformierte* Theologie: freier Gott – unfreier Mensch. Nach ihr hat die Menschheit durch den urzeitlichen Sündenfall Spiritualität (*similitudo Dei*) *und* freien Willen und Ratio (*imago Dei*) des Urstandes eingebüßt. Die Einbuße betrifft – wohlgemerkt – nur die Fähigkeiten des „geistlichen" Menschen, des Menschen vor Gott; in „weltlichen" Dingen (*in civilibus*) bleibt dem gefallenen Menschen freies Wollen und rationales Denken (er kann sich bürgerliche Tugenden zu Eigen machen, wenn er will, oder einen „weltlichen" Sachverhalt adäquat einschätzen und daraus seine Schlüsse ziehen). Gott *muss* deshalb zur Wiederherstellung des gestörten Verhältnisses zwischen ihm und der gefallenen Menschheit bei ihr *nicht* an moralisch-rationale Vorgaben anknüpfen. Er ist in seinem Wollen frei. In dieser seiner Allmacht bestimmt er zum Heil, wen und wenn er will, sogar Heiden (Zwinglis „Seligkeit erwählter Heiden"), zum Unheil, wen und wenn er will (doppelte Prädestination); er mag sogar alle zum Heil ausersehen (auch diese „universalistische" Möglichkeit hat die reformierte Tradition „angedacht"; vgl. Karl Barth). Unter diesen Umständen kann die sichtbare Kirche weder Erzieherin noch Heilsvermittlerin sein (Heilsvermittler ist allein Christus), nur öffentliche Bezeugerin der den Erwählten zuvor (privatim) geschenkten Gnade (vgl. Barth). Wer glaubt, darf für sich – über andere steht ihm kein Urteil zu – seiner Erwählung gewiss sein; denn „der Glaube folgt der Erwählung nach" (Zwinglis *Fidei ratio* von 1530, Art. 5). Menschliches Handeln („Werk") ist nach katholischer Lehre für das postmortale Los des Menschen mindestens mitbestimmend. Reformierte Lehre dagegen schließt die postmortale Relevanz menschlichen Tuns (von „Werken") aus: Gottes Erwählung oder Verwerfung geht ja menschlichem Tun stets vorauf – als eine „Frucht" göttlicher Vorherbestimmung ist menschliches Tun innerweltlich zwar moralisch bewertbar, aber geistlich nicht judizierbar (menschlichem Urteil entzogen). Zu fragen wäre noch, ob Gottes Vorherbestimmung als Folge des Sündenfalls oder der Sündenfall als Folge göttlicher Vorherbestimmung zu verstehen ist. Die Annahme, Gott hätte erst auf eine Tat des Menschen („Sündenfall") in einer bestimmten Weise reagieren, sich das Gesetz des Handelns gewissermaßen durch den Menschen vordiktieren lassen müssen, bedeutete für viele Reformierte eine Beschränkung der absoluten Souveränität Gottes, die sie konsequenterweise ablehnten. Wo bleibt denn da aber die postulierte Willensfreiheit des Menschen im Urstand?

4.

Wenn man rubriziersüchtig ist, mag man die Religionen einteilen in *Werkreligionen* und *Gnadenreligionen*. In Indien wäre das der Affenweg einerseits, der Katzenweg andrerseits. Im Alten Ägypten die offizielle „Kultreligion" einerseits (*iret ikhet*; s. o. 1), die private „Frömmigkeitsreligion" andrerseits (hier konnte der Beter gewiss sein: „war es dem Diener [Menschen] angemessen, Sünde zu tun, so ist es dem Herrn [Gott] angemessen, gnädig zu sein").[13] Im Islam einerseits die Schia, andrerseits die Sunna. Im Christentum der Katholizismus einerseits, andrerseits der Protestantismus. Man darf diese Einteilung gelten lassen, wenn man damit keinerlei Wertung verbindet. Wenn man in Rechnung stellt, dass beide Religionsformen in einer Person oder Religionsgemeinschaft koexistieren können (Vishnuismus in Indien); dass Kultreligion Frömmigkeit nicht ausschließt und Frömmigkeit ihre Inhalte von der Kultreligion tradiert erhält (woher kämen altägyptischer Frömmigkeit denn sonst ihre Gottheiten, deren Attribute und Mythen zu!); dass neuerdings sunnitische Religionsgelehrte der menschlichen Willensfreiheit positive Seiten abgewinnen; dass Lutheraner reformierte „Extrempositionen" (bei der Prädestinationslehre und beim Kirchenbegriff etwa) nicht mittragen; dass die

---

[13] Vgl. Morenz, Siegfried: Gott und Mensch im alten Ägypten, Zürich/ München ²1984, 119 ff (das eingeklammerte Zitat: 166).

katholische Kirche umgekehrt augustinische (prädestinatia-
nische) Gedanken in ihrem Schoß bewahrt hat und dass
viele ihrer Lehrtexte Auslegungen in Richtung Gnadenreli-
gion zulassen; dass schließlich das Judentum, in vieler
Augen Gesetzes- und damit Werkreligion *par excellence*,
sein Dasein der Gnadenwahl Gottes allein verdankt – nicht
der göttlichen Gerechtigkeit oder Billigkeit, sondern dem
unbegründbaren und unergründlichen göttlichen Eros (Dtn
7, 7f; Jer 31, 3).

V.
Böse und gut

1.

„*Unde malum et quare?*" – Woher das Böse und warum?
Diese Frage treibt nach dem Kirchenvater Tertullian die
Gnostiker und die Philosophen um. Wir dürfen ergänzen:
Sie treibt sämtliche Religionen um. Im voraufgehenden
Kapitel (s. o. IV, 2 und 3) ist das Problem in anderem Zu-
sammenhang angeschnitten worden. Wir wollen den dort
angesponnenen Faden später in diesem Kapitel wieder auf-
nehmen, wenn wir monotheistische Religionen nach ihrer
Letztbegründung des Übels in der Welt befragen werden.
Die Letztbegründung des *Bösen* läuft zugleich auf eine
Letztbegründung des *Guten* hinaus: Wie ist Gutes so zu
begründen, dass es überhaupt Böses geben kann? Wenn im
Folgenden gelegentlich nur vom Bösen allein die Rede ist,
ist das Gute als (entsprechendes) Korrelat oder (widerspre-
chender) Antagonist indirekt mit einbezogen. In keinem der
zu untersuchenden religiösen Systeme ist jedoch das Böse
oberstes Prinzip. Wir befragen traditionelle Gesellschaften,
Kulturen mit polytheistischen, antagonistischen und transmoralischen Systemen sowie monotheistische Religionen.

2.

Mit „traditionellen Gesellschaften" sind „Lager- und Dorfgemeinschaften in wild- und feldbeuterischen, agrarischen
und hirtennomadischen Kulturen" zu verstehen, deren Zu-

sammenleben durch feste mündliche Überlieferung („Gedächtniskultur" – im Unterschied zu den „Schriftkulturen")
reguliert ist. Ihr Weltbild ist wesentlich strukturiert nach
dem sog. „*dualen Zwei-Sphären-System*":[14] Kosmos ist bei
einer traditionellen Gesellschaft immer die von ihr be-
wohnte Siedlung samt nutzbarem Umland (Pflanzungen,
Sammel-, Jagd- und Weideplätze und die Verbindungswege
zwischen ihnen). In dieser binnenweltlichen Endosphäre,
die jede Gruppe als Mittelpunkt (Nabel) der Welt glaubt,
hatte die schöpferische Gestaltungskraft des göttlichen
Bildners (des „Hochgottes" der je eigenen Ethnie) ihren
„dichtesten" und vollendetsten Ausdruck gefunden. Außerhalb dieser kosmischen Mitte hatte sie nachgelassen; vieles
war unvollendet liegen geblieben: war unfruchtbare Wüste,
hypertroph wuchernde Wildnis, karstiges Felsland, moras-
tiges und trügerisches Brack, bevölkert von dämonischen
Mischwesen, seltsamem, unjagbarem Getier, „barbarischen"
Menschen mit „verdrehten" Sitten, deren Sprache und Geha-
ben man nicht verstand – eigentlich gar keine „Menschen" –,
die eine Schöpfergottheit wegen irgendeines Frevels strafweise sozusagen im „Rohzustand" belassen haben mochte.
Diese akosmische Exosphäre umlagert als „jenseitige",
chaotische, tödliche Un-Welt die kosmische Mitte gemeinschaftlichen Lebens. Aber auch diese Mitte war nicht voll-

---

[14] Müller, Klaus E.: Schamanismus, München 1997, 11 Fußnote; ders.:
Der gesprungene Ring, Frankfurt a. M. 1997, 154. Vgl. ders.: Die fünf-
te Dimension (Essener kulturwissenschaftliche Vorträge 3), Göttingen
1997; Hasenfratz, Hans-Peter: Die toten Lebenden (BZRGG 24), Leiden 1982, 11ff.

kommen, hatten es doch auch hier die (jeweiligen) Welt-
bildner oft an der notwendigen Umsicht fehlen lassen. Warum sind beispielsweise die Menschen nackt und bedürfen
der Kleidung? Ursprünglich besaßen sie ein Fell, das Rind
aber nicht. Da das Rind die Menschen erhält, hielten es
die Götter für geraten, es gegen Regen, Reif und Hitze mit
dem Fell des Menschen auszustatten. Also häuteten sie „den
Menschen ab und legten sein Fell auf das Rind". Dem Menschen aber schenkten sie Kleider. So ein (altindischer)
Mythos. Die endosphärische Binnenwelt ist zwar – im Vergleich zur Nicht-Welt draußen – „die beste aller Welten",
aber auch störanfällig. Nacht und Winter verschieben die
Grenzen zwischen Chaos und Kosmos, Unwelt und Welt
periodisch weit in die Endosphäre hinein bis hart an die
Siedlungen und die Schwellen der Behausungen heran.
Jederzeit kann Chaos als Un-Wetter oder Überfall barbari-
scher „Halbmenschen" über den Kosmosbereich hereinbre-
chen. So stark ist die infektiöse Wider-Natur der Anti-Welt
draußen, dass, wer sich beim Sammeln oder auf der Jagd in
sie verirrt und *nach* einer bestimmten Frist wiederkehrt, von
seiner Gruppe nicht mehr als Mensch, als einer der ihren,
wiedererkannt, sondern als Un-Mensch, Un-Geheuer umgebracht wird (s. u. VI, 8). Die Beziehungen innerhalb der
Gruppe und innerhalb des Weltbereichs sind geprägt von
Sympathie und Reziprozität (was einem Glied widerfährt,
widerfährt allen; Gabe verpflichtet zur Gegengabe, Leis-
tung zur Gegenleistung). Durch normenwidriges Verhalten,
das dieses Bindungsgeflecht zerreißt (Neid, Schadenzauber,
Traditionsbruch), platzt Chaos gewissermaßen im Zentrum
des kosmischen Lebensbereichs auf und kann sich als

Krankheit, Misswuchs, Tod manifestieren. Moralisch deviante (nicht konforme) Individuen der eigenen Gruppe werden deshalb aus der Gemeinschaft in die fremde Unwelt ausgestoßen, erleiden den „sozialen Tod" bei Leibes Leben. Barbarische Bewohner des exosphärischen Außenbereichs sind grundsätzlich Feinde und werden eher gemieden als getötet, damit man überhaupt gar nicht mit ihnen in Berührung gerät. Kontakt mit ihnen, wo er lebenswichtig (Gütertausch!) ist, wird eng begrenzt und streng ritualisiert. Mitglieder einer fremden Gruppe können – wenn überhaupt – nur durch Heirat (Exogamie; s. o. I, 2) oder Adoptionsritual (s. u. VI, 2) in die Gemeinschaft aufgenommen werden (was zugleich eine der wenigen Möglichkeiten von Außenbindungen ergibt). Frauen, wenn sie (durch Exogamie) aus einer fremden Gruppe stammen, sind schon deshalb immer „chaosverdächtig". Zusätzlich gilt ihr Geschlecht durch Menstruation, Geburt, Wochenbett – alle als „Krankheit" gewertet und beargwöhnt – für „unrein": Dis-Kontinuität, Unterbrechung, Stockung im kosmischen Lebensfluss (und darunter rechnet eben u. a. jede Form von Blutverlust) werden als mögliche Einbruchsstellen der Un-Ordnung, des Chaos erlebt und gefürchtet und müssen durch adäquaten „rituellen Aufwand" überbrückt werden (unter peinlicher Wahrung überkommener Formen). Kontinuitätsbrüche sind auch Sonnen- und Mondfinsternisse oder das Wintersolstitium (Tiefststand der Sonne); dann – besonders wichtig – die Übergangsphasen im Lebensaufriss (Geburt, Pubertät, Hochzeit, Tod). Jeder Tod eines Gruppenmitglieds bedeutet Minderung des gemeinschaftlichen Lebenspotenzials, Abbruch des sympathetischen Lebenszusammenhangs, Chaos mitten im Kosmos. Kollektive Übergangsriten sichern dem Toten den störungsfreien Übertritt ins Jenseits bei gleichzeitigem Verbleib im Schoße der Gemeinschaft, revitalisieren die hinterbliebene Gruppe und machen so den Vitalitätsverlust durch den Tod wieder wett. Würden die Übergangsriten unterbleiben, fände der Tote nicht ins Jenseits, fiele der akosmischen Machtsphäre des Draußen anheim und nähme (als „akosmischer Toter"; dazu s. u. VI, 5) an den Lebenden Rache. In traditionellen Gesellschaften sind das Böse und das Gute *sozio-lokale* Phänomene. Alles Böse nimmt seinen Ursprung in der chaotischen *Außenw*elt (auch wo es mitten in der kosmischen Binnenwelt aufbricht). Alles Gute geschieht allein und nur in der *Binnen*welt. Voraussetzung, dass dies geschehen kann, ist, dass die endosphärischen Interaktionsprozesse von Sympathie und Reziprozität unter strikter Traditionswahrung kontinuierlich und reibungslos ablaufen. Dem dualistischen Zwei-Sphären-Konzept ist hier so viel Raum vergeben, weil es alle gesellschaftlichen Veränderungen und religiösen Überformungen ohne Schaden „ausgestanden" hat. Gerade in unserm Zeitalter gewaltiger Migrationsströme lebt es ungehemmter denn je auf: Alles „Fremde" „von draußen" ist ihm (potenziell) böse. In gesellschaftlich-politischen Krisensituationen durchschlägt es gar alle durch Jahrhunderte gewachsenen Sicherungssysteme einer Kultur und reißt die ungezügelte Alleinherrschaft an sich: „ethnische Säuberung" ist sein Panier, Genozid sein blutiges Geschäft, „clash of civilizations" seine Zukunft in einer „globalen" Welt ohne gemeinsamen Minimalkonsens, in der *eine* „Zivilisation" sich für allein gut und das „Reich der Mitte" und die andern für „gottlos" oder das „Reich des

Bösen" hält. Man kann es im mittelalterlichen und früh-
neuzeitlichen Stadtplan, der vielerorts noch heute das Bild
der Städte prägt, zu Architektur materialisiert, bestaunen.
Kosmos reicht so weit wie der Machtbereich der Stadt. Der
kosmische Nabel ist mit Kirche und Rathaus besetzt. Darum herum schließen sich Patrizier- und Zunfthäuser an, in
einem weiteren Umkreis die Wohnhäuser der zunftfähigen
Bürger, weiter vom Zentrum entfernt wohnen die einfache-
ren Bürger. Längs der Stadtmauer siedeln die Angehörigen
der verfemten Berufe, die „unehrlichen Leute" (Müller,
Leinweber, Bader, Dirnen, Henker usw.), ebenfalls in der
Neustadt und vor dem Mauerring. Hier haben sich auch neu
zugezogene Fremde, allerlei fahrendes Volk und sonstiges
„zwielichtiges Gesindel" dauerhaft oder vorübergehend
niedergelassen. Das Umland ist je nach politischer Lage
bald territoriales Herrschaftsgebiet und Untertanenland der
Stadt – noch Kosmos –, bald Feindesland – schon Chaos.
Dort draußen war der Aufenthaltsort der sog. „Echtlosen"
(durch Bann oder Acht aus der Gemeinschaft Ausgestoße-
nen), ferner von gesuchten und in Abwesenheit verurteil-
ten Kapitalverbrechern. Als Angehörige des exosphärischen
Chaosbereichs galt ihr Leben für nichts, unstet und flüchtig
mussten sie den (kosmischen) Friedensbereich der Städte
meiden.

3.

Wo anstoßende traditionelle Gesellschaften sich zu größe-
ren sozio-ökonomischen Gebilden verbanden (aus welchen
Notwendigkeiten auch immer), wo Eroberung oder Über-
formung durch andere Kulturen Traditionen aufbrachen, wo

geschlossene Lager- und Dorfgemeinschaften in den Machtbereich expansiver Siedlungen oder Stadtkulturen gerieten,
da widerspiegelt die Götterwelt die komplexeren gesellschaftlichen Beziehungen, kulturellen Stratifikationen (Über-
lagerungen) und hierarchischen Strukturen. Das Böse ist
nicht mehr einfach lokal zu fixieren als außerweltlich und
das Gute als binnenweltlich. *Beides* wird binnenweltlich
erfahren als „strukturell Böses" und strukturell Gutes: als
Gewalt, die Unterdrückung erzeugt; aber auch als Macht,
die unter veränderten gesellschaftlichen Rahmenbedingungen Recht ermöglicht und durchsetzt. Durchgebildete poly-
theistische Systeme teilen konsequenterweise binnenweltlich Böses und außerweltlich Chaotisches verschiedenen
göttlichen Mächten zu, wie wir sehen werden. Wir wollen das
an zwei Kulturen „durchexerzieren": an der germanischen
und der altägyptischen – antike „Hochkultur" (Schrift- und
Stadtkultur) diese, noch traditionelle „Gedächtniskultur"
jene, die aber Schriften schon kannte und nutzte und wo
größere territoriale Zusammenschlüsse Städte und Herr-
schaftsstrukturen ermöglichten.

4.

Die Mächte, die nach *germanischer* Tradition[15] unser Dasein und das Geschick der Welt bestimmen, sind die Riesen
und die Götter. Die Riesen sind die Vertreter der zerstörerischen Natur, des Eises, der Finsternis, der felsigen und unfruchtbaren Gebirgseinöden; die Götter sind die der be-

---

[15] Vgl. Hasenfratz, Hans-Peter: Die religiöse Welt der Germanen, Freiburg i. Br. [4]1999.

wohnten und bewohnbaren Welt. Die Riesen regieren die chaotische „Draußenwelt" (*Utgard*), die Götter sind die Herren über die von Menschen besiedelte „Mittenwelt" (*Midgard*). Beide Mächte liegen in ständigem Kampf gegeneinander. Die Götter selber stammen vom Geschlecht der Riesen ab, und die Welt ist vorzeiten aus dem Körper eines Riesen gebildet worden. Deshalb sind weder Götter noch Welt vollkommen noch die von den Göttern geschaffenen Menschen: sie alle haben einen Anteil von „Riesischem", Chaotischem, Zerstörerischem in sich. So führen die Götter nicht nur Krieg gegen die Riesen, sondern auch untereinander. Die Wanen (die Gottheiten von Eros, Fruchtbarkeit und Zauber) und die Asen (die Gottheiten der sozialen Hierarchie, von Eroberung, Herrschaft und Unterwerfung) entfachen (nach diversem Plänkeln) den ersten Krieg in der Welt. Dabei lernen sie voneinander Schadenzauber und Eidbruch. Und die Menschen ihrerseits lernen von den Göttern und dem „riesischen" Anteil in ihrem eigenen Wesen. In dieser Welt „ist" von Anfang an „der Wurm drin". Der germanische Mythos drückt das so aus: An den Wurzeln des Weltbaumes nagt der Todesdrache Nidhögg („Neidhauer"). Und über dieser Welt waltet das Unheil: Riesen und Götter werden sie und sich gegenseitig in einem „großen Krieg" vernichten – „Götterschicksal" („Götterdämmerung"). Aber wird die neue Welt, die danach entstehen soll, besser werden? Die sog. „Weissagung der Seherin" (*Völuspa*) – das gewaltige Gedicht, das uns das alles kündet – lässt uns hoffen: *böls mun allz batna* – „Böses wird gänzlich besser werden", heißt es am Schluss (vgl. u. VIII, 5). *Diese* Welt ist jedenfalls nicht „die beste aller Welten", wie Platon und Leibniz postulierten. Und die Götter sind moralisch keineswegs vollkommen. Um ihre Ziele zu erreichen, handeln sie, wenn nötig, mit Verrat, Trug und List. Wir können hier die an die zwanzig überlieferten wichtigeren Gottheiten des germanischen Pantheons nicht einzeln und namentlich vorführen; mehr liegt uns an ihrem Reflex auf menschliches Handeln. Wie die Götter handeln auch die Menschen: (wo nötig) mit Verrat, Trug und List. Als die Wikinger 991 bei Maldon (Essex) von einem englischen Heer auf einer Insel zerniert werden, werfen sie bei Verhandlungen mit den Engländern ein, ein fairer Kampf sei, eingeschlossen auf einer Insel, nicht möglich, und erwirken freies Geleit bis ans Ufer. Kaum festes Land unter den Füßen, fallen sie über die arglosen Engländer her und löschen sie aus. „Moralisches", d. h. verlässliches Verhalten garantieren weniger die Götter selbst als Systeme und Mechanismen sozialer Bindung. Die *Sippe* ist die moralische Kerngemeinschaft schlechthin. In ihr herrscht (normalerweise) Solidarität, „Friede", „Freundschaft". Der Sippenfremde ist grundsätzlich „Feind": ihm gegenüber gelten keine moralischen Verpflichtungen, wie sie innerhalb der Sippe gelten. Allerdings kann der Sippenfrieden auf Sippenfremde ausgedehnt werden. Die *Eidbrüderschaft* stiftet zwischen mündigen männlichen Mitgliedern verschiedener Sippen ein Friedensverhältnis. Die Kontrahenten lassen Blut, das sie sich abzapfen, in ihre Fußspur tropfen und sich da vermischen; dazu treten sie unter einen ausgeschnittenen und durch Speere hochgestützten Rasenstreifen – eine rituelle Handlung, die sie gemeinsam aus demselben Schoß, der Erde, neu geboren und zu „blutsverwandten Brüdern" werden lässt. *Ziehkindschaft* (Aufzucht des *eigenen* Kindes bei einer *fremden* Sippe), *Gastfreund-schaft* (inklusive „Gastprostitution"), wechselseitiger *Gaben-tausch* (s. o. 2: Reziprozität) schließen ebenfalls in fremden Sippenfrieden ein. Eine sippenübergreifende Friedensge-meinschaft bei den Germanen ist der *„Männerbund"*: terri-torialer Zusammenschluss der geschlechtsreifen und waf-fenfähigen männlichen Jugend. Er stellt die Elitetruppe bei kriegerischen Auseinandersetzungen von sippenübergrei-fender Tragweite und überregionaler Reichweite und hat Rüge- und Strafbefugnis, wo sippengebundenes Recht ver-sagt. Er bildet auch den Kern der *Gefolgschaft* eines Kriegs-herrn (die Wikingerzüge waren männerbündisch organi-siert) oder Königs. Der Übertritt in den Männerbund voll-zieht sich durch ein Übergangsritual (s. o. 2) mit Mutproben und „kleinem Tod" des Initianden durch Scheinhängen bis zur Bewusstlosigkeit. Kultgott der germanischen Männer-bünde ist Odin/Wuotan (also der „Wütende"), der zwie-spältige „Wanderer zwischen den Welten" und Grenzüber-schreiter, Herr der „veränderten Bewusstseinszustände", der schamanistischen Kampfekstase (der Berserkerwut), welche die Mitglieder der Männerbünde an sich induzieren lernen und die sie im Kampf unverwundbar, unempfindlich gegen Feuer und Eisen, macht, solange sie anhält. Eine Bezeich-nung für das Mitglied des Männerbundes im Norden war *sveinn* (daraus der Name Sven), abgeleitet von der gleichen Wurzel *swoi/swe/se,* die auch in „Sippe" steckt, und meint wörtlich „Eigener", „Zugehöriger", was die sippenähnliche (und doch sippenübergreifende) Bindung der Bündler genau trifft. Überhaupt: jede *Kultgemeinschaft* stiftet unter den Kultteilnehmern ein sippenübergreifendes Friedensverhältnis. An heiligen Zeiten und Orten ruhen die Waffen. Der Tempel ist „Friedensstätte" und beherbergt den Eidring zur feierlichen Ableistung von Eidesverpflichtungen: Wer diese und den sakralen Frieden bricht, wird „fried-los" und kann von jedermann bußlos erschlagen werden. *Tyr* (*Ziu*), der Gott des Eides, bei dessen Ring im Tempel geschworen wird, ist eigentlich die einzige verlässliche Gottheit. Tyr wurde Opfer seiner eigenen Anständigkeit: Er verlor seine Schwurhand (die Rechte), als er sich mit ihr für ein Versprechen der Götter verbürgte, das diese brachen. „Da lachten alle (Götter), nur Tyr nicht …" Man opfert zwar den Gottheiten, sogar Menschen durch Hängen oder Ertränken. Etwa dem Odin um Kriegserfolg, dem Frey um „gutes Jahr und Frieden", der Nerthus um fruchtbaren Ackerboden. Aber da die Götter „riesisches", somit chaotisches Erbe in sich tragen, mithin nicht hundertprozentig verlässlich sind, im übrigen selber auf Zauber und Magie zurückgreifen müssen, um Erfolg zu haben, rekurriert auch der Mensch gerne auf Zauber und Magie, um seine Ziele zu erreichen: sich zu schützen, auf das Wetter einzuwirken, Liebe zu erzwingen, andere zu schädigen und zu töten usw. Detailliert sind uns zauberische und magische Praktiken im sog. „Deutschen Bußbuch" (um 1000 aus der Gegend von Worms) überliefert. Und so schließt sich denn der Kreis. Wo Zauber und Magie nötig ist und betrieben wird, traut man dem Weltgrund und seinen Göttern nicht so recht. Und dazu hat der Germane allen Anlass. Denn diese Welt mit ihren Göttern ist an ihren Wurzeln vom Verderben „angenagt": bedroht von außen und durchsetzt von innen mit Chaos, steuert sie letztlich ihrem Schicksal („Götterschicksal"), ihrem Untergang („Götterdämmerung") zu. Wen wundert's, wenn von Helden der germanischen Sage überliefert ist, man wisse nicht, „ob sie jemals die Götter verehrten; sie glaubten vielmehr nur an ihre eigene Kraft und Stärke".

5.

Altägyptische Texte[16] erzählen von den beiden ungleichen göttlichen Brüdern *Osiris* und *Seth*. Osiris befreite die Menschen von ihrem entbehrungsreichen Leben und von wilden Tieren: er lehrte sie die Götter verehren, gab ihnen Gesetze und führte Wein- und Ackerbau ein, wird ihr erster König, ist „Urkönig" schlechthin. Ganz anders sein Bruder Seth: er ist Herr der unfruchtbaren, tödlichen Wüste, Herr der Metalle, der Kraft, Gott des Sturmes, der „rote Gott" der Aggressivität und Wut. Seth tötet und zerstückelt seinen Bruder Osiris, der aber zeugt – tot – einen Sohn Horus (Mythologem von Aussaat des Korns, Vegetationsruhe in der Erde, Neuaufkeimen). Horus, unter Gefahren herangewachsen, zieht Seth vor ein Göttergericht; dieses setzt Osiris zum König über die Toten und Horus (als Nachfolger seines Vaters) zum König über die Lebenden ein. Seth aber wird nicht etwa mit dem Tode bestraft für seinen Mord. Er wird auf die Sonnenbarke des Götterkönigs Re abkommandiert, um ihre tägliche Fahrt über den Himmel und ihre nächtliche durch die Unterwelt und damit den Bestand der kosmischen Ordnung abzusichern. Denn das Sonnenschiff wird auf seiner Bahn immer wieder von der Chaosschlange

---

[16] Vgl. Brunner, Hellmut: Seth und Apophis – Gegengötter im ägyptischen Pantheon?, in: Saeculum 34 (1983) 226–234.

Apophis attackiert, die es und seine Besatzung und damit die ganze Welt zu zerstören droht. Seth, am Bug des Schiffes postiert, stößt ihr (immer wieder) seinen gewaltigen Speer in den Rachen (und rötet mit ihrem Blut den abendlichen und morgendlichen Horizont) – so die allnächtliche Regeneration der Sonne in der Unterwelt und ihre alltägliche Belebung aller Geschöpfe garantierend. Dem Ägypter besteht die kosmische und soziale, die göttliche und menschliche Ordnung darin, innerweltliche Gewalt als Böses nicht zu honorieren, bestenfalls als Macht dem Recht zu unterstellen, um dieser Ordnung gegen das un-weltliche Chaos Bestand zu verleihen. Das Böse ist an sich nicht Gottes Wille. In einem Sargtext (CT 1130, ca. 2000 v. Chr.) spricht der „Allherr" (Re) zu seinen Geschöpfen: „Ich habe jedermann wie seinesgleichen geschaffen und nicht befohlen, dass sie Sünde (*isfet*) tun; es sind ihre Herzen (*ibū.sen*), die meinem Wort zuwiderhandeln."

6.

Wo in traditionellen Gesellschaften Kosmisches und Akosmisches (s. o. 2) auf das (ausschließliche) Wirken *zweier* entgegengesetzter *Gottheiten* zurückgeführt wird, wie das im sibirischen Raum geläufig ist, entstehen *antagonistische* religiöse Systeme (wir bevorzugen in diesem Fall den Terminus „antagonistisch"; „dual"/„dualistisch" besagt nur etwas über die *Anzahl* beteiligter Kontrahenten, aber nichts über ihr gegenseitiges *Verhältnis*). Zwei antagonistische Systeme sind zu Schriftreligionen mit weittragenden kulturellen Auswirkungen geworden: der Zoroastrismus und der Manichäismus – beide Frucht „iranischer Geisteswelt" (die

„Urheimat" der Iranier, muss man wissen, lag in West-
sibirien um den südlichen Ural, bevor Teile von ihnen Richtung Hochland von Iran aufbrachen!).[17] Dem ersten verdanken die monotheistischen Schriftreligionen (Judentum,
Christentum, Islam) die volksreligiöse Figur des Teufels als
Widersacher Gottes, dem zweiten verdankt das Christentum
eine gehörige Dosis Leib- und Weltfeindlichkeit, aber auch
ein Stück zugewonnener kritischer Distanz zu dieser Welt
und ihren Strukturen.

7.

Im 2. Jahrtausend v. Chr. widerfährt dem Opferpriester
(*zaotar*) eines iranischen Stammes am Südfuß des Ural „im
Traumschlaf" eine Audition, die zu den großen Offenbarungen der Religionen aller Zeiten gezählt werden muss. Der
Priester heißt *Zarathushtra*, sein Widerfahrnis ist in den
heiligen Schriften seiner Gemeinde, im Awesta (Y. 30),
überliefert. Er dürfte somit der erste dokumentierte Prophet
der Religionsgeschichte sein. Dem Propheten offenbaren
sich zwei uranfängliche göttliche „Geistwesen" (*mainyū*),
„Zwillinge", die zwei Urprinzipien des Seins: das Bessere
in Gedanken, Wort und Tat und das Böse, nämlich „der heiligste Geist" *Ahura Mazdāh* (der „weise Herr") und „der
böse Geist" (*Angra Mainyu*). Diese beiden gegensätzlichen
Prinzipien grenzen nun ihre Wirkungsbereiche gegeneinander ab. Der zur Wahrheit (*asha*) haltende heiligste Geist
bestimmt für sich das Leben und das Tun des Guten, der

---

[17] Vgl. Hasenfratz, Hans-Peter: Iran: Antagonismus als Universalprinzip,
Saeculum 34 (1983) 235–247.

zur Unwahrheit (*drug*: „Trug") haltende *Angra Mainyu* das
Nicht-Leben und das Tun des Bösen. Zwischen diesen beiden Urprinzipien sollen alle Wesen „wählen" (s. o. IV, 2).
Die rechtschaffenen Menschen und Mächte um den heiligs-
ten Geist wählen das Leben, die unredlichen Menschen und
Dämonen um den bösen Geist das Nichtleben. Damit ist
allerdings auch ihr zukünftiges Schicksal bestimmt: *Angra
Mainyu* und sein dämonischer und menschlicher Anhang
fallen schlussendlich (im „letzten Gefecht" gegen *Ahura
Mazdāh* und die Seinen) dem Nichtleben, dem Tod, der
endgültigen Vernichtung anheim, die sie sich erwählt haben.
Wer sich – durch rechtes Tun (Reden, Denken) – zu *Ahura
Mazdāh* (und die Mächte um ihn) hält, erntet immerwäh-
rendes Leben. Die Nähe zur Apokalyptik des frühen Juden-
tums ist unverkennbar; denn hier ist der alttestamentliche
„Staatsanwalt" (*sāṭān*) Gottes unter iranischem Einfluss
(Israel war über 200 Jahre lang Provinz des Persischen
Großreiches und pries die Perser als „Erlöser" aus der
Babylonischen Gefangenschaft) zum Antagonisten Gottes
geworden, zum „Fürsten dieser Welt". Der Teufel hat, weil
mit dem strengen Monotheismus eigentlich unvereinbar
(aber zur „Erklärung" des Bösen in dieser Welt und zur
„Entlastung" Gottes äußerst „praktisch"!), in den *offiziellen*
Glaubensbekenntnissen der drei monotheistischen Schrift-
religionen (Judentum, Christentum, Islam) dann auch nie
eine Rolle gespielt (wiewohl selbst Theologen an seine
Existenz glaubten und glauben).

8.

In Kulturen, welche eine Dichotomie (Aufspaltung) der
Wirklichkeit in Materielles und Immaterielles, Stoffliches
und Geistiges, Körperliches und Seelisches überhaupt kennen, lässt sich eine (latente) Tendenz zur Abwertung des
Materiell-Stofflich-Körperlichen gegenüber dem Immate-
riell-Geistig-Seelischen beobachten (im Westen etwa beim
Platonismus, dann beim Neuplatonismus). Wo Pessimismus
zur Grundstimmung von Schichten oder Gesellschaften
wird (dabei können soziale Gegebenheiten eine Rolle spielen), wandelt sich Latenz in Virulenz. *Mānī*, iranischer
Religionsstifter im Sassanidenreich, selber vornehmer iranischer (parthischer) Abkunft, hat die Dichotomie zu einem
religiösen Antagonismus ausgebaut. Materie, Stoff, Körper
sind böse und Schöpfungen des „Königs der Finsternis";
„immateriell" Geistig-Seelisches gehört zum guten Licht-
reich des „Vaters der Größe". In den Lebewesen und natürlich im Menschen sind Licht und Finsternis gemischt, ist
Seelisch-Geistiges gefangen und gebunden in Körperlich-
Materielles. Die Erlösung besteht einmal in der Erkenntnis
(*Gnosis*) dieser Tatsache, zum andern in der „Minimalisie-
rung aller Lebensbeziehungen" (Verbot von Unzucht und
Geschlechtsverkehr, Verbot von Töten und Fleischgenuss,
Verbot von Diebstahl und persönlichem Eigentum) zur Lösung der Lichtseele aus dem finstern Kerker des materiellen
Leibes. Der Manichäismus hat das Selbstverständnis der
christlichen Kirche im Westen grundstürzend in Frage gestellt. Sie hat darauf mit der blutigen Ausrottung der mani-
chäischen Lehre geantwortet (zuletzt durch die verheeren-

den Katharerkreuzzüge im 13. Jh. und die päpstliche Inqui-
sition). Die „richtige Antwort" auf die manichäische Lehre
ist nicht zu geben. Denn: antagonistische Religionsmodelle
(wie die iranischen des Zarathushtra und des Mani) sind als
einzige in der Lage, die Herkunft des Bösen (und des Guten) in der Welt logisch stringent zu beantworten, akzeptiert
man ihre religiöse Axiomatik. Der Vollständigkeit halber ist
anzufügen, dass in andern (gnostischen) Systemen das Böse
als „Abfall" (graduelle Distanzierung) vom Guten und (pro-
portional zur Distanz) zunehmende Materialisierung gedacht werden kann. Den „Erklärungsnotstand", nämlich wie
es denn zu dieser Degradation gekommen sei, teilen diese
Modelle mit dem Monotheismus (s. u. 10).

9.

Für hindugene religiöse Systeme[18], die sich (letztlich) aus
der Philosophie der Upanischaden herleiten, ist das eigentliche Übel (hierin ähnlich der Gnosis; s. o. 8) das Nichtwissen (*avidyā*): das Nichtwissen um die Identität der Einzel-
seele (*ātmā*) mit dcm (unpersönlichen) göttlichen Urgrund
alles Seins (*brahma*) im Hinduismus, das Nichtwissen um
den illusionären Charakter der menschlichen Persönlichkeit
(*pudgala*) im Buddhismus. Böse und gut im Banne dieses
Nichtwissens können nach dem Gesetz der Vergeltungskau-
salität (*karma*) „nur" zu schlechterer oder besserer Wiedergeburt führen und die Rahmenbedingungen zum Erwerb des
erlösenden Wissens (*vidyā*) verschlechtern oder verbessern
(eine Frau hat diesbezüglich wenig Chancen: sie muss im

---

[18] Vgl. Hasenfratz, Hans-Peter: Der indische Weg, Freiburg i. Br. 1994.

Hinduismus als Brahmane, im Buddhismus als Mönch wiedergeboren werden). Für denjenigen aber, der weiß und falsche Identifikationen und Ichillusionen, verursacht durch Begierde (*kāma*) und Lebensdurst (*tṛṣṇā*) (im Buddhismus auch personifiziert als *Māra*: Verderber, Versucher, der Böse), abgelegt hat, dem sind böse und gut irrelevant geworden. „Den überwältigt beides nicht, ob er darum (weil er im Leibe war) das Böse getan hat oder ob er das Gute getan hat; sondern er überwältigt beides; ihn brennet nicht, was er getan und nicht getan hat." So ein Upanischadentext (BU 4, 4, 22); ähnlich sagt es das buddhistische Dhammapada im „Liebes-Kapitel". Der Weg des Wissenden verläuft in diesem System „jenseits von Gut und Böse" auf *transmoralischen* Gefilden. Als Weg *zum* Wissen hatte Religion für den Wissenden allenfalls „propädeutischen" Wert; er bedarf ihrer nicht mehr.

10.

Es ist „das Elend des *Monotheismus*" – und nun spinnen wir den (oben IV, 2 und 3) angesponnenen Faden weiter –, das Böse in der Welt rechtfertigen zu müssen und, wenn er es auf Gott selbst schiebt, diesen Gott rechtfertigen zu müssen (Theodizee). Wie kann Gott das Übel verursachen (weil ja nichts „ohne ihn" passiert, wenn er denn allmächtig ist), ohne dass es ihm anzurechnen wäre (weil er ja als *summum bonum* nicht „böse" sein darf)? Muslimische und christliche Theologie präsentieren hier die gleiche „Lösung": *Gott* ist am *materialen* (physikalischen, biologischen) Geschehen einer jeden Handlung mitbeteiligt (z. B. an der Schwerkraft und an der Muskelbewegung einer niederfallenden Faust).

Aber am dadurch (allenfalls) entstehenden Bösen (das Niederschlagen eines Menschen, um ihn zu berauben), am *formalen* Geschehen derselben Handlung, hat er keinen Anteil. Das muss sich der handelnde (oder nicht hindernde!) *Mensch* zuschreiben (arab. *iktisāb*); dafür ist er als Person voll vor Gott ver-antwortlich.[19] Einen andern Weg hat der reformierte Theologie Karl Barth „gewählt": Das Böse, die Sünde, der Teufel haben eine eigene Existenzweise – das „Nichtige".[20] Das Nichtige ist die Gesamtheit dessen, was Gott nicht erwählt hat, nicht will. Nur was Gott will (das Gute: das Heil), ist. Aber gerade das ausgrenzende Nein Gottes zu dem, was er nicht will, verleiht diesem eine „eigenartige Wirklichkeit" (KD II/1, 625). Das Nichtige ist nicht einfach nichts; nur im Zusammenhang mit dem Erwählungshandeln Gottes „ist" es – als von ihm Verworfenes. So gelingt es Barth, dem Bösen als von Gott nicht Gewolltem eine Wirklichkeit zuzusprechen, ohne es Gott „anzurechnen" und ohne Gottes Allmacht (und Güte) zu schmälern (denn *alles*, was Gott will, ist ja!). Die Barthsche Lehre vom Nichtigen erweist sich so als letzte Konsequenz aus der reformierten Prädestinationslehre.

---

[19] Hasenfratz, Hans-Peter: Das Menschenbild des Islam, in: Spektrum Iran 12 (1999) 47–55, hier 49.

[20] Vgl. Frey, Christofer: Die Theologie Karl Barths, Waltrop ²1994, 200ff.

VI.
Tod und Leben

1.

Leben ist vom *Tode* bedroht. Aber auch der Tod ist vom Tod bedroht. Religion begegnet dieser Drohung. Sie hilft, Leben überhaupt zu konstituieren, (noch) schwaches Leben zu schützen, Brüche im kontinuierlichen Lebensfluss (als Einbruchsstellen von Tod) zu überbrücken. Ist der Tod eingetreten, revitalisiert sie die vom Tod eines Mitglieds „angeschlagene" hinterbliebene Gruppe und ermöglicht dem Toten den störungsfreien Übertritt ins Leben der jenseitigen Anderwelt, sichert dem „seligen" (kosmischen) Toten zugleich den Verbleib in der und fortdauernde Interaktion mit der Gemeinschaft der Lebenden. Ist der Tod auf ungewöhnliche Weise eingetreten („schlimmer Tod"), versucht sie, den Schaden für die Gemeinschaft und den Toten zu heilen und den Toten in die „heilige" Solidargemeinschaft der Lebenden und der Toten „heimzuholen" (zu „erlösen") – oder, wo dies nicht möglich ist, den „unseligen" (akosmischen) Toten daran zu hindern, als Wiedergänger das Leben der Gemeinschaft zu schädigen; und wo auch dies nicht möglich ist, den unseligen Toten zu annihilieren (vernichten: „zweiter Tod"). Deviante (normenwidrige) Individuen einer Gemeinschaft kann sie schon bei Leibes Leben totstellen („sozialer Tod"), den Totgestellten behandelt sie – biologisch lebendig oder tot – gleich wie einen akosmischen Toten: Rückholung und Versöhnung oder Abwehr durch räumliche Ausgrenzung

(„Verbannung") oder gänzliche Vernichtung. Derartige Vorstellungen sind zeitlich und räumlich weit verbreitet, sowohl bei traditionellen Kulturen als auch bei solchen mit einer Schriftreligion. Sie zeigen, dass für Religion der biologische Tod (bei aller und hautnaher Kenntnis biologischer Gegebenheiten, die sie durchaus grausig-drastisch auszumalen vermag) eine vergleichsweise geringe Rolle spielt. Dass ihr vielmehr der Tod weit ins Leben hineinreicht: nämlich da, wo er als normenwidrige Abweichung vom Leben erfahren und qualifiziert wird (sozialer Tod). Dass Leben weit in den Tod hineingreift: da, wo der Tod die interaktive Teilhabe am Leben der Gemeinschaft nicht unterbricht, nur verändert („seliger Tod"). Und dass pervertierter Tod („schlimmer Tod") pervertiertes, wiedergängerisches Leben des Toten fortdauern lässt, bis es mit einem zweiten Tod (durch gänzliche Vernichtung des „Untoten") ein definitives Ende findet. Schließlich dass Tod und Leben in einen einzigen Punkt des biologischen Lebens konvergieren können: bei Initiation und Mystenweihe, wo die Initianden ihrem früheren Leben absterben, um zu neuem wiedergeboren zu werden. Und in allen Fällen sind es *nichtbiologische* Determinanten, vielmehr das jeweils geltende sozio-religiöse Normensystem einer Gesellschaft, die *Leben und Tod* definieren – *letztlich als Gottesnähe und Gottesferne* da, wo Gott als Quelle und Summe jeder Norm geglaubt wird.[21]

---

[21] Zum Folgenden vgl. Müller: Ring (Anm. 14); Hasenfratz, Hans-Peter: Initiatorische Rituale als Ermöglichung von Leben und Menschsein, in: Schreijäck, Thomas (Hg.): Menschwerden im Kulturwandel, Luzern 1999, 293–300; Hasenfratz, Hans-Peter: Leben mit den Toten, Freiburg i. Br. 1998; ders.: Tote Lebende (Anm. 14).

2.

Wer *geboren* wird, lebt dadurch nicht schon. Es bedarf eines besonderen Adoptionsaktes, um das Neugeborene in die Gemeinschaft der Lebenden aufzunehmen. Vor diesem Akt kann es ausgesetzt werden, wenn es Abnormitäten (Miss-wuchs) zeigt oder sonst nicht erwünscht ist. Vor diesem Akt kann es formlos verscharrt werden, sollte es sterben. Wes-halb das? Das für ein Mitglied der Gemeinschaft vorge-schriebene Bestattungszeremoniell entfällt, weil es noch gar nicht Mitglied dieser Gemeinschaft ist. Das Neugeborene wird erst Mensch, Mitglied der Gemeinschaft, lebt erst, wenn es dem Vater auf die Knie gesetzt, mit Wasser (Lebenselement) benetzt wird, einen Namen erhält (denn „wessen Name ausgesprochen ist, der lebt" – so ein altägyp-tisches Sprichwort). Im Alten Ägypten überträgt der Vater seinen *ka* (Vitalität und Identität – Hieroglyphe: ausgebrei-tete Arme) durch Umarmung auf den Säugling und aner-kennt ihn so als sein Kind. Das Leben des Kleinkindes gilt noch als besonders störanfällig, seine Seele (in Mehrzahl) noch nicht definitiv im Leib verankert. So reibt man ihm etwa die Gelenke (als Sitze der Beweglichkeit sowohl Kon-zentrations- als auch Austrittstellen von Lebenskraft) mit vitalisierenden Essenzen ein; malt man einen Vogel auf die Rücklehne des Kinderwagens, damit die vogelgestaltig vor-gestellte Seele des Kindes sich heimisch fühlt und nicht davonfliegt; bewahrt man verknotete Haare des Kleinen (Verknoten bindet; und Haar ist Sitz der sog. „Zopfseele", der Vitalkraft [man vgl. die Simsongeschichte Ri 16]) in einer Kiste (zusammen mit Gentilidolen) auf, wodurch ihm seine Seele (sein Leben) in sicherer Bewachung erhalten bleibt; vermeidet man Lärm und Streit und ungute Empfindungen, die den Neuankömmling erschrecken und seinem Leben schaden; hütet man es vor dem „bösen Blick" von Fremden und vieles mehr. Ist das alles überstanden, bleibt der Mensch sein ganzes Leben lang von *Krankheit* und Verletzung bedroht, potenziell tödlichen Hemmungen und Stockungen der Lebenskontinuität. Manche Gesellschaften entfernen Kranke aus den Siedlungen in den Außenbereich, wo sie bleiben, bis sie sich erholt haben, damit das Leben der Gemeinschaft nicht durch die lebensfeindlichen Kräfte, die sich an ihnen manifestieren, geschwächt wird. Jeder Blutverlust gilt als Krankheit: menstruierende und gebärende Frauen müssen sich daher für „ihre Tage" und ihre „schwere Stunde" und „die Wochen" in speziell hierzu bestimmten Hütten von der Gemeinschaft absondern; auch das „blutige Geschäft" der Defloration vollzieht sich oft in strengster Seklusion (alle Türen, Fenster, sogar den Schornstein des Hochzeitshauses hält man geschlossen). Die *Aufnahme eines Fremden*, also eines prinzipiell feindlichen Angehörigen der tödlichen Exosphäre, in die Gemeinschaft muss sich als magische Imitation von Geburt und Brutpflege gestalten: Das künftige neue Gruppen- und Familienmitglied legt seinen Kopf in den Schoß der Adoptivmutter oder saugt (andeutungsweise) an ihrer Brust oder kriecht über den Rücken des neuen Vaters zwischen den Beinen der neuen Mutter durch und wird hernach aufgehoben und gewiegt und in Schlaf gesungen. Eine bedeutsame und gefährliche Einbruchsstelle im Lebensfluss ist die *Pubertät.* Aus geschlechtslosen Kindern werden zeugungs- und empfängnisfähige junge Männer und Frauen, fähig zur Übernahme ihrer geschlechtsspezifischen Rollen („Allianz und Prokreation") in der Lebensgemeinschaft der Gruppe. Im „Initiationscamp" draußen im tödlichen Busch erleiden die Initianden einen „kleinen Tod" durch Erdulden körperlicher Qualen und Mutproben; rituelle Geschlechtsdifferenzierung durch Beschneidung von Vorhaut und Klitoris, Einführung in die kultischen und mythologischen Traditionen der Gemeinschaft (die das biologische und soziale Leben der Gruppe regulieren) lassen sie ihrem kindlichen Leben absterben und als „vollwertige Mitglieder der Gesellschaft" neu geboren werden; der erste Geschlechtsverkehr mit einer (fremden) Frau vitalisiert die beschnittenen jungen Männer und öffnet ihnen (etwa bei den Simbete in Tansania) den Weg und Übergang vom rituellen Tod zum neuen Leben. Wo (und das ist der häufigste Fall) das Exogamiegebot (s. o. I, 2) die Wahl des Ehepartners bestimmt, die Frau also dem exosphärischen Bereich entstammt, entspricht die *Hochzeitszeremonie* einem Adoptionsritual, das die Fremde in den binnenweltlichen Lebensbereich aufnimmt. Der stets missdeutete Brauch, die Braut über die Schwelle in das Haus des Mannes und seiner Familie zu tragen, hat adoptive Qualität. Denn wer Hauskind ist, hat die Schwelle des väterlichen Hauses zum ersten Mal von *innen nach außen* überschritten (selbst wenn das Kind nicht im Haus „das Licht der Welt" erblickte und dann *hineingetragen* wurde!). Durch ihren Einzug ohne Berührung der Schwelle wird die Braut „Hauskind": ihren ersten Schritt wird sie dann – wie dieses – von drinnen nach draußen setzen. Die Stellung der Frau in exogamen Gesellschaften gestaltet sich immer schwierig: Man unterstellt ihr zumindest eine gespaltene Loyalität zur Gruppe ihres Mannes und heimliche „Verbandelung" mit ihrer eigenen, draußenweltlichen. „Die Angeheirateten üben Hexerei gegen die ‚Unsrigen' aus und verursachen damit Unglück, unerklärbare Krankheiten und Tod", meinen die Shavante in Zentralbrasilien. Tragische Bindungskonflikte von Frauen (als Ehefrauen sind sie der neuen, als Schwestern der alten Sippe verbunden) sind daher vorprogrammiert und haben bei den Nordgermanen (z. B. in der Völsungasaga) berührenden dichterischen Ausdruck gefunden. Solch eine (mehr oder weniger offene oder unterschwellige) „Zweiteilung" der exogamen Sozietät (Gruppe) öffnet einen Riss, durch den jederzeit Chaotisches, Tödliches, Zerstörerisches in ihren endosphärischen Lebens- und Friedensbezirk strömen, der aber andrerseits durch integrative Rituale – an denen man gerade die angeheirateten weiblichen Ehehälften mitbeteiligt (bes. beim Totenkult) – abgedichtet werden kann. Den gefährlichen Vitalitätsverlust, dem das Hochzeitspaar durch die blutige Defloration, aber auch durch verschwiegenen vorehelichen „Umgang" der Braut (der unfruchtbar machen soll) ausgesetzt ist, tarieren fruchtbarkeitssteigernde Riten (Überschütten der Frau mit Körnern, Umarmung eines Kindes, „unterstützender" Geschlechtsverkehr der beiden Elternpaare), die kollektive Vitalitätsentfaltung bei Schmaus und Tanz, die öffentliche „Beichte" früherer Liebschaften der Frau (bei den Yansi im Kongo) wieder aus.

Eine außerordentliche Ge„fähr"dung der Lebenskontinuität ergibt sich, wenn eine ganze Gemeinschaft, aus welchen Gründen auch immer, ihren ge-wohnten Lebens-Raum aufgeben und sich an einem neuen, fremden Ort ansiedeln muss. Wie wird un-heimliche, tödliche Exosphäre zu heimatlichem Binnenraum, wo Leben weitergehen kann? Durch ein die *Übersiedlung* begleitendes „Übergangsritual" mit der Funktion, Lebenskontinuität zwischen dem alten und dem neuen Wohnort zu bewerkstelligen, Vertrautes im Unvertrauten so zu verankern, dass es selber vertraut wird. Von Kolonisten, die nach Island fuhren, berichten Sagas die Sitte, dass sie die Hochsitzpfeiler (Ehrensitz des jeweiligen Familienvorstandes) ihrer ehemaligen Häuser mit auf die Schiffe nahmen. Kam das neue Land in Sicht, wurden die Pfeiler ins Wasser gelassen; wo sie antrieben, wurde gesiedelt. In einem Fall nahm ein Mann da Land, wo der eingesargte und dem Meer übergebene Leichnam des Vaters ländete (der Alte hatte die Überfahrt nicht überstanden und vor seinem Tod dieses Landnahmeverfahren angeordnet). Kleinräumige Umsiedlungen (in Island) waren so zu „timen", dass die Spitze der langgezogenen Karawane mit dem Vieh und dem Übersiedlungsgut in dem Moment den neuen Hof erreicht, wo sein Ende vom alten abrückt; auch war darauf zu achten, dass im Zug keine rückläufige Bewegung (Knoten) oder Lücken entstehen (beide hätten den „Kontinuitätsstrom" gehindert oder unterbrochen).

Orakel (das Länden von Hochsitzpfeiler und Sarg), Hochsitzpfeiler des alten im neuen Haus, das Ahnengrab in der neuen Erde, die magische Kette zwischen altem und neuem Ort sind typische Elemente von Landnahme- und Gründungsritualen. Die *Gründung* einer neuen *Stadt* in unbesiedeltem Gebiet, Zentrum neuen Lebensraums mitten im tödlichen Draußen, Kosmos mitten im Chaos, läuft nach etruskischem Gründungsritual (das die Römer übernommen haben) folgendermaßen ab: Mitten in den unbesiedelten Raum, in die unwirtliche und ordnungslose Ödnis und Wildnis (Fachterminus: *tescum*) wird ein Bezirk „herausgeschnitten", der die himmlische Ordnung darstellt und nachbildet, ein *tem-p-lum* (Wurzel *tem*; vgl. griech. *tem-nō*: schneiden). *Templum* meint in der etruskischen Vermessungsideologie jeden religiös ausgegrenzten (und der göttlichen Ordnung „gleichgeschalteten") Ort, nicht nur einen „Tempel". Damit eine Stadt dem Anspruch, *templum* zu sein, entsprach, musste sie sich nach der Himmelsordnung richten, an den Himmelsrichtungen „orientieren", mussten ihre Hauptachsen ost-westlich und nord-südlich verlaufen, und da, wo sie sich schnitten, war Stadtmittelpunkt, kosmische Mitte; das Stadtgebiet musste zum Schutz mit einer Furche umpflügt und damit magisch begrenzt und geschützt werden (Schutzkreis, hinter dem der Mauerring aufgeführt wurde); in der Opfergrube am Stadtmittelpunkt (im *mundus*) mussten die künftigen Bewohner ein Quantum Erde ihrer früheren Heimat deponieren, damit die Stadt durch die Präsenz heimatlicher Erde in ihrem kosmischen Zentrum zu einer neuen Heimat wurde (Kontinuität!). Der *mundus* war gleichzeitig Tor zur Unterwelt und stellte den Kontakt mit den Verstorbenen der städtischen Gemeinschaft sicher.

Damit sind wir nach Geburt (Krankheit), Pubertät, Hochzeit (Adoption), Ortsveränderung (Stadtgründung) bei einem weiteren Einbruch von Chaos in die kosmische Kontinuität gemeinschaftlichen Lebens: beim Tod. Zuvor aber wollen wir noch nachtragen, dass die altägyptische Hieroglyphe für „Stadt" (*njut*) genau dem Schema der etruski-

schen Stadt entspricht: ein (Mauer-)Kreis mit eingezeich-
netem Straßenkreuz.

3.

So wie biologisches Leben nicht einfach Leben bedeutet,
sondern ständig vom Tod angefochten wird (s. o. 2), so bedeutet *biologischer Tod* nicht einfach Tod. Auch er wird
vom Tod angefochten – vom „zweiten Tod" (der gänzlichen
Vernichtung) – oder er bleibt Teilhabe am Leben der Lebenden: Leben. Im Alten Ägypten wird der Verstorbene (und
nach dem vorgeschriebenen Zeremoniell Bestattete), falls er
die Wägung seines Herzens (vgl. o. V, 5) vor dem Jenseitsgericht bestanden hat, kein Toter, sondern ein Verklärter
(*akhū*)*:* er „lebt" im Jenseits eine den Lebenden analoge
Existenz. Wer nicht bestanden hat, erleidet einen „zweiten
Tod" durch Vernichtung seiner (personalen) Existenz (z. B.
im „Feuersee" – Vorbild für Apk 20, 14ff); dadurch wird er
erst zum Toten (*mūt*), zum Nichtseienden (*jūti*). Einen zweiten Tod stirbt auch der, dessen Name nicht länger gesprochen (s. o. 2) noch gedacht wird (*damnatio memoriae*) und
dem Opferkult und Grabpflege versagt werden. Andrerseits
können die Alten Ägypter (hierin ähnlich dem alttestamentlichen Beter; vgl. Ps 88) Leiden (Krankheit) schon als Tod
erleben; und Aufgabe des Arztes ist es, „den Tod aus dem
Leib zu vertreiben" (Papyrus Ebers 45, 13). Der „abscheuli-
che Beruf des Soldaten" wird dem Tod gleichgeachtet und
der Offizier einem Toten, „obgleich er noch lebt" (Papyrus
Lansing 9, 8). Die folgenden Beispiele sollen die am Beispiel Ägypten „angereizten" Themenkomplexe in einem
weiteren räumlichen und zeitlichen Umfeld „ausreizen".

4.

Wer in Übereinstimmung mit der gemeinschaftlichen Norm lebte und starb und im räumlichen Bereich der Gemeinschaft (vgl. o. V, 2) *rite* bestattet wird, ist ein *„seliger Toter"*. Sein jenseitiges, postmortales Weiterleben gestaltet sich nach den entsprechenden religiösen und folkloristischen Überlieferungen seiner Kultur. Gleichwohl bedeutet *jeder* Tod für die Gesellschaft eine Katastrophe. Durch den Einbruch von Krankheit und körperlichem Verfall in den kollektiven Lebensbereich ist eine Bresche gerissen, durch die Exosphärisches ungehindert einströmt und das Gleichgewicht der Sphären destabilisiert. Oder wie es die Soziologie ausdrückt: „Der Tod besitzt ein anomisches (die gesellschaftliche Ordnung zerstörendes) Potential, da er die Bedeutung und Realität sozialer Systeme in Frage stellt ..."[22] Das fordert der Gemeinschaft einen extra-ordinären rituellen Aufwand ab. Dieser rituelle Aufwand zielt darauf:

• Die Trauer um den toten Menschen in geordnete Bahnen zu lenken, so dass sie sich nicht gegen das Leben selbst kehrt und den Toten nicht beschwert.

Jedes Ritual agiert Emotionen aus; aber indem es ihnen eine feste Form gibt, kontrolliert sie sie auch. Das gesamte Ritual des Totenkults erfüllt diesen Zweck, insbesondere aber die Leichenpflege (Zudrücken der Augen, Leichenwäsche, Herrichten) und die Totenwache, die bei-

---

[22] Nölle, Volker: Vom Umgang mit Verstorbenen (Diss. Frankfurt a. M. 1996) (EHS.Soziologie 302), Frankfurt a. M. 1997, 87.

de durch den sinnlichen und unmittelbaren Kontakt mit dem Toten seine Nähe und Ferne zugleich erfahrbar machen; dann die stilisierte (kollektive oder individuelle) Totenklage. Dagegen ist es universell verpönt, dem Verstorbenen unkontrolliert und lange „nachzuweinen": die um ihn übermäßig vergossenen Tränen benetzen ihn und hindern ihn am Übergang zur Anderwelt, sie können zu einem Strom anschwellen, den er nicht zu durchschreiten vermag und ihn ans Diesseits bannt. Für den Umgang mit der Leiche (Leichenpflege, Totenwache, Leichenklage), der zeitweise verunreinigend wirkt (weil der Tote mit dem Fluidum des lebensfeindlichen Chaos behaftet bleibt, bis die Riten abgeschlossen sind), hält man mancherorts Frauen für besonders prädestiniert. Warum? Sie gelten durch Menstruation, Geburt, Wochenbett als unrein, stammen durch das Exogamiegebot aus einer fremden Gruppe, also aus dem Chaosbereich draußen (s. o. 2 und V, 2); vorübergehende zusätzliche Infektion mit Chaotischem kann ihnen deshalb weniger schaden als Männern (so die Meinung der Männer!).

● Den devitalisierten Zustand des Toten für die Zeit der Trauer solidarisch zu teilen (Solidaritätsriten), den Toten andrerseits für sein neues Dasein zu vitalisieren (Rekreationsriten).

Partielle („homöopathische") Identifikation mit dem Zustand des betrauerten Toten geschieht auf vielerlei Weise: Ausreißen der Haare (Sitz von Vitalität), Zerkratzen der Haut, bis Blut fließt, Besäufnis bis zur Bewusstlosigkeit; Wälzen im Staub, Bestreuen mit Erde, Sitzen auf der Erde (Element, dem der Tote künftig angehört), schwarzes (Schwarz ist Erdfarbe) Trauerhabit; Vernachlässigung der Körperpflege (Angleichung an den Verfallszustand des Toten), Schweigen (der Tote als „der Stille").

Rekreativer Ritus war schon die Leichenwäsche (Wasser als Element der Reinigung, Auflösung, Trennung, Regeneration), ist Auftragen von roter Farbe (Lebensfarbe) auf die Backen des Toten, das „painting" (die in den USA übliche Leichenkosmetik, die den Toten so herrichtet, wie man ihn zu Lebzeiten kannte: „in buoyant life" – „blühend" lebendig), ist rotes Totengewand, Ockerbeigabe (z. B. bei nordamerikanischen Indianern), Mumifizierung (Erhaltung der Leiche in unverweslichem Zustand) und magisches Spruchgut, das dem Toten die Beweglichkeit zurückgeben soll (*Ägyptisches Totenbuch* 72, Rubr. und Nachschr.: „herauszugehen am Tage und die Totenwelt aufzuschließen"), ist Blumenschmuck (Blumen als Lebenssymbole) und die „fröhliche Totenwache" (eine Form der Totenwache, bei der gegessen, getrunken, gesungen, getanzt, gezotet wird, um den anwesenden Toten durch Entfaltung von Vitalität zu „animieren").

• Dem Toten (oder seiner Seele; s. u. VII, 3) den Weg in die Anderwelt zu erleichtern, ja überhaupt zu ermöglichen; denn nur wer nach den geltenden Regeln (Riten) verabschiedet wird, gelangt dorthin.

Grundsätzlich erschwert oder verhindert jeder Verstoß gegen das „Ritualpaket" im Zusammenhang mit einem Toten seinen Eintritt ins Jenseits. Einige Regeln erfordern hier aber besondere Beachtung: Der Leichnam muss mit den Füßen voran („ärschlich") oder mit dem Kopf voran aus dem Sterbehaus getragen werden; im ersten Fall, damit der Tote sein Haus nicht mehr erblickt und sich danach zurücksehnt, im zweiten Fall, damit er es noch einmal sieht und Abschied nehmen kann. Verbrennung des Toten ist oft da notwendig, wo seine Seele in ein himmlisches, und Erdbestattung, wo sie in ein unterirdisches Jenseits ziehen soll. Für andere Kulturen gilt die Regel nicht (Inder verbrennen und kennen ein unterirdisches Totenreich des Totengottes *Yama*, Christen bestatten zur Erde und erwarten „in den Himmel zu kommen", Etrusker verbrennen und begraben und lokalisieren das Jenseits unterirdisch oder im transozeanischen Westen ohne Relevanz der Bestattungsart). Die Orientierung des Grabes oder die Blickrichtung des Toten im Grab legen die Religionen je nach ihrem „eschatologischen Programm" genau fest: nach Westen zum Totenreich (Pyramidentexte), nach Osten zur aufgehenden Sonne, nach Jerusalem oder Mekka (Ägypten später, Judentum, Christentum, Islam). Damit der Tote sich auf dem Weg zum Jenseits oder im Jenseits zurechtfinde, gibt man ihm genaue Beschreibungen der Topographie des Jenseits, seiner Bewohner (Gottheiten, Dämonen), seiner Fauna (und Flora) mit ins Grab. Hinzu kommen etwa Anweisungen, wie er sich vor dem Totengericht freilügen kann, und Amulette, damit ihn sein Herz nicht als Lügner denunziert (*Ägyptisches Totenbuch* 125, 30A und B) und er so sein Weiterleben im Jenseits durch den zweiten Tod verwirkt. Wer ungerächt stirbt, muss so lange als Gespenst im Diesseits verweilen, bis sein Rächer Erfolg hatte; dann darf er ins Jenseits überwechseln (Patroklos in der Ilias). In Indien muss jeder Verstorbene eine Zeit lang von seinen Hinterbliebenen durch das Opfern von Reisklößen „aufgebaut" werden, bis er sich vom diesseitigen Gespenst (*preta*) zum jenseitigen „Vater" (*pitar*) mit Sitz im Himmel, in der Luft oder Unterwelt wandelt. Über die Behinderung des Toten durch „Nachweinen" wurde schon gesprochen.

- Dem Toten die beliebige Wiederkehr zu verlegen bzw. diese auf von den Lebenden erwünschte Anlässe (Totenbefragung, „Allerseelenfeste") zu beschränken.

Der Tote trachtet nach Schicksalsgemeinschaft mit den Hinterbliebenen, strebt zu ihnen zurück oder sucht sie zu sich in sein Totendasein „nachzuholen". Das zu verhindern, schafft man (nach fast universal verbreitetem Brauch) den Leichnam nicht durch die gewöhnliche Hausöffnung (Haustür) ins Freie auf den Weg zum Bestattungsplatz, sondern durch eine eigens zu diesem Behuf geschlagene Bresche, die nachher sofort wieder vermacht wird. So verlegt man dem Toten magisch eine unerwünschte Rückkehr, die nach dem „Gesetz der Geister" an den einmal benutzten Weg gebunden ist. Eine Fesselung des Toten stellt ihn im Sarg ruhig, auch eine Mitgabe von Mohn (Schlafmittel). Verwischt man die Fußspuren der Trauerprozession auf der Rückkehr vom Grab oder legt man den Weg des Trauergeleits zum Friedhof so, dass man ein Wasser (Element der Trennung und Antidämonikum) zu überschreiten hat, erschwert oder verunmöglicht man dem Toten eine Rückkehr. Einfriedung des Grabes („Friedhof"!) oder Beschweren mit Steinen (Grabstein!), Einhegung mit Dornen- oder Giftgewächsen (Rosen, Taxus) bannt „wanderlustige" Grabbewohner an ihre Ruhestätte. Und Kinder, deren Leben bekannterweise (s. o. 2) in der Welt noch nicht definitiv eingewurzelt und für ein „Nachholen" besonders anfällig ist, schützt man, indem man sie anbindet, wenn ein Leichenzug passiert (Südostasien). Von der Gemeinschaft kontrollierter Kontakt mit den Verstorbenen ist durchaus erwünscht, sind sie doch (als Angehörige der tellurischen Welt) Spender von Fruchtbarkeit, verfügen sie doch (als Angehörige der Anderwelt) über übernatürliche Kräfte und übernatürliches Wissen. Totenopfer sollen sie stärken (Totenspeisung) und der Gemeinschaft verbinden (Totenkommunion, bei der Tote und Lebende als Teilnehmer eines gemeinsamen Mahles gedacht sind), Totenbefragungen ihren besseren „Durchblick" nutzen, Totenbesuchsfeste („Allerseelenfeste") ihr Gedächtnis hochhalten, Gebete und „Seelämter" ihnen zugewendet werden und ihre Fürbitte für die Lebenden erwirken (heilige Gemeinschaft der Lebenden und Toten; s. o. 1).

● Das angeschlagene Leben der Zurückgebliebenen (nach der Bestattung) wieder „aufzupowern", damit sich das Gleichgewicht der Sphären wieder einschwingt und das „normale" Leben im Gleichmaß des Möglichen weitergeht.

Die „tödliche" Minderung des Lebens, die eine Gemeinschaft durch Krankheit und Tod eines ihrer Mitglieder erfahren hatte, wurde durch die korrekte Bestattung zwar gestoppt, die Bresche, durch die Unheil und Verfall kontaminierend ins Leben einströmen konnte, notdürftig gestopft, der Tote ist unter dem Boden (oder wo immer nach gängigem Brauch) und jedenfalls auf den Weg zum Leben in der Anderwelt gebracht. Jetzt gilt es die Lebenden selbst wieder „anzutörnen", zu revitalisieren. Das gelingt nur durch eine künstliche und zeitlich begrenzte Übersteigerung aller Lebensfunktionen und -beziehungen unter ritueller Regie: durch übermäßiges Zechen, Saufen, Tanzen, durch sexuelle Entschränkung – Orgie. In unsern Zeiten und Breiten wird daraus das „Leidmahl", bei dem es (seinem Namen zum Trotz!) erstaunlich heiter, fröhlich, ja geradezu ausgelassen zu- und hergeht. Das Leben fordert und erhält sein Recht zurück.

Es versteht sich, dass der hier auf fünf Punkte verteilte rituelle Gesamtaufwand nicht erschöpfend, sondern bestenfalls typisch ist; dass längst nicht alle der hier aufgeführten Riten in den einzelnen Kulturen praktiziert werden; dass manche Riten und ihre Elemente mehrere Funktionen erfüllen (etwa Wasser: Trauerbewältigung, Vitalisierung, „Separierung") – aber auch, dass die einzelnen Teilziele der Rituale alle in eines zusammenlaufen; denn wo *ein* Ritus falliert, falliert das Gesamtritual.

5.

Wo wichtige Riten unterbleiben, wird der Tote ein *„unseliger (akosmischer) Toter"*. Ritualfehler beim Totenritual ist aber nur *eine* Sonderform des Todes *außerhalb* der gesetzten Norm: des „schlimmen (unseligen) Todes", der den davon Betroffenen zum Feind der Gemeinschaft macht. Stirbt jemand ohne Ritenschutz (s. o.), in der Fremde, unbestattet, durch Unfall, Untat, in der Schlacht, im Kindbett, vor der gesetzten Lebenszeit (unverheiratet), unter einem (von ihm oder ihm gegenüber) uneingelösten Versprechen, unter einem Fluch der Gemeinschaft, als Delinquent durch Kapitalstrafe – dann findet er als Toter keine Ruhe, muss umgehen (Wiedergänger), seine Lebens- und Todesumstände als „ortsgebundener Spuk" zwanghaft wiederholen, an den Lebenden (für unkorrekt ausgerichtete Bestattung oder für die verkürzte Lebenszeit) Rache nehmen, ihnen Lebenskräfte entziehen, als (krankmachender) Totengeist von ihnen Besitz ergreifen, sie in sein unseliges Totendasein mit hineinziehen und, wenn er überhaupt ins Jenseits gelangt, dort eine von den normalen (seligen) Toten getrennte, geminderte Sonderexistenz führen. Auch den, der (vor seinem Tod) ohne Wissen der Gemeinschaft und deshalb ungestraft außerhalb der gemeinschaftlichen Norm lebte (heimlich stahl, mordete, schwarze Magie trieb), darum unwissentlich *rite* bestattet wurde, trifft dasselbe Los: Er findet nach seinem Tod keine Ruhe; und die Tatsache, dass er umgeht, denunziert ihn nachträglich als Untäter. Die Gemeinschaft kann sich vor Schaden stiftender Manifestation unseliger Toter schützen. Durch magische Abwehrmaßnahmen und Abwehrmittel aus der Zauberoffizin (Schutzkreis, Kreuze, Glocken, Feuer; Wasser, Salz, Salzwasser, Knoblauch), wie sie ganz allgemein gegen dämonische Behaftung oder Bedrohung wirksam sind. Oder durch aggressivere Vorkehrungen, indem sie den Toten (Leichnam) immobilisiert: „nasses" Begräbnis etwa draußen an der Flutgrenze des

Meeresstrandes (auflösende Wirkung des Wassers), separate oder „umgekehrte" Bestattung des Kopfes (der abgetrennte Kopf wird mit Gesicht zur Erde der Leiche zwischen die Füße gelegt), Fesselung oder Verpfählung im Grab, Bedecken des Grabes mit Dornen – so dass postmortale Beweglichkeit und Aktion ausgeschlossen, zumindest erschwert sind. Oder auch indem sie den Toten (Leichnam) – was gewisse Formen der Todesstrafe geradezu bezwecken – total annihiliert (vernichtet): Vierteilen, Rädern, Verbrennen, Verstreuen der Asche „in alle vier Winde" (oft kombiniert) – zweiter Tod. Oder sie kann es mit integrativen Handlungen und Ritualen versuchen, wodurch sie einen unseligen Toten „erlöst": durch Nachholen versäumter Riten, durch Rückführung in den „heimatlichen" Sippenfriedhof (oder Errichtung eines Leergrabes auf heimatlichem Boden), Einlösung eines Versprechens (sei's ein dem Toten geschuldetes oder vom Toten geschuldetes und jetzt für ihn übernommenes), Rücknahme des Kirchenbannes und ehrliches Begräbnis. Oder indem sie („prophylaktisch") dafür besorgt ist, dass ein Verstorbener gar nicht erst zum unseligen Toten wird: durch das alttestamentliche Verbot, Jungverheiratete im ersten Jahr zum Waffendienst aufzubieten, damit sie nicht „unausgelebt" und ohne Nachkommen sterben (Dtn 24, 5); durch die sog. „Totenhochzeit" (ein unverheiratet verstorbenes Mädchen wird für die Zeit des Begräbnisses *pro forma* einem Burschen angetraut oder im Sarg als Braut eingekleidet); durch den indischen Brauch des *niyoga* (Verpflichtung) oder den alttestamentlichen Levirat (ein naher Verwandter des Verstorbenen muss mit der Witwe einen Sohn zeugen, der dann rechtlich als Sohn des Verstorbenen gilt; vgl. Manu 9, 59 ff; das Buch Ruth; Dtn 25, 5 f).

6.

Aus der Gattung unseliger Toter wollen wir zwei Typen herausgreifen, die zu künstlerischen Ehren gelangt sind: die *Wili* und den *Vampir* (beide Bezeichnungen stammen aus dem Slawischen). Wir beginnen galanterweise beim „schwachen Geschlecht". „Die *Willis*", so schreibt Heinrich Heine in seinem Essay über „Elementargeister", „sind Bräute, die vor der Hochzeit gestorben sind." Sie können im Grab nicht ruhig liegen. In ihren toten Füßen, in ihren toten Herzen lebt noch jene Lebens- und Tanzlust, „die sie im Leben nicht befriedigen konnten". Um Mitternacht steigen sie aus ihren Gräbern, „versammeln sich truppenweis an den Heerstraßen, und wehe dem jungen Menschen, der ihnen da begegnet!" Sie „umschlingen ihn mit ungezügelter Tobsucht", und er muss mit ihnen tanzen, ohne Ruhe und Rast, bis er tot hinfällt. Die erotische Unersättlichkeit der im Leben „unbefriedigten" Bräute ist hier zu Tanzwut „verschoben". Der symbolische Zusammenhang zwischen Tanzen und Geschlechtsverkehr ist in der Psychoanalyse längst bekannt: das eine kann im psychischen Geschehen (etwa im Traum) für das andere stehen. Heines „Willis" haben Théophile Gautier zu einem Ballett-Libretto inspiriert und im Petipa-Ballett *Giselle* (oder *Die Wilis*) mit der Musik von Adolphe Adam ihre romantische choreographisch-musikalische Verklärung gefunden.

Auch der *Vampir* darf auf eine stattliche Reihe künstlerischer Bearbeiter blicken: Genannt seien, stellvertretend für

Legion, Bram Stoker (*Dracula*) und Stephen King (*Salem's Lot*, dt. *Brennen muss Salem*), ganz zu schweigen von der Adaptation des Stoffes durch den Film (Murnau, Polanski, Merhige) und von jenen epigonalen Gruselelaboraten, die dem unseligen TV-Konsumenten so manchen Samstagabend veröden. Der Vampir ist ein (Un-)Toter, der die Fähigkeit besitzt, als „lebender Leichnam" sein Grab zu verlassen oder seine Seele aus dem im Grab ruhenden Körper fahren zu lassen, um Lebenden das Blut auszusaugen, wodurch sie sterben und selber zu Vampiren werden. Wer aber wird ein Vampir (außer natürlich selbst vampirisch Befallene)? Nach griechisch-orthodoxem Volksglauben: ein von zwei Unehelichen unehelich Gezeugter, ein an einem großen Kirchenfest Empfangener oder Geborener; einer, der seiner Gevatterin beiwohnte; einer, dessen Vater schon Vampir geworden war; Hexen, Räuber, Huren; Menschen, die unter einem Fluch der Eltern oder der Kirche (Exkommunizierte) starben; Heiden, insbesondere Türken (als *die* Erbfeinde der Griechen); wer einen gewaltsamen Tod erleiden musste, wer nicht *rite* begraben ist. Das sicherste Zeichen, dass ein Toter ein Vampir ist: wenn er im Grab nicht verwest (das getrunkene Blut vitalisiert ihn ständig). Das sicherste Mittel, ihn unschädlich zu machen: Pfählen, Köpfen, Verbrennen (am besten alles miteinander). Oder gegebenenfalls: Rücknahme eines Fluches der Kirche (der Exkommunikation) durch einen Priester; dann zerfällt der Leib sogleich und der Tote gilt als erlöst. Wie man sieht, hat sich die orthodoxe Kirche, der ostkirchliche Nomokanon (kirchliches Recht), des volkstümlichen Glaubens fleißig „angenommen". Und weshalb hat sie ihn nicht verdammt? Unter türkischer Herrschaft konnten die griechischen Christen ihre zivilrechtlichen Belange zwar selbst regeln, aber (bei Streitfällen) nicht mit staatlichem Zwang durchsetzen, weil ihnen die Anrufung türkischer (muslimischer) Gerichte (die sich hierin für unzuständig erklärten) verunmöglicht war. Da musste dann das Mittel der Androhung oder Verhängung kirchlicher Exkommunikation die hier fehlende staatliche Autorität um der Ordnung willen ersetzen. Und die kirchliche Exkommunikation bediente sich dazu des populären Vampirglaubens. Die Bannformel drohte nämlich dem Betroffenen an, nach seinem Tod im Grab nicht verwesen zu können – das meint eben: ein Vampir zu werden. Sie lautete: „Und du sollst nach dem Tod ewig unverweslich sein wie Gestein und Eisen (*kai esē meta thanaton alytos aiōniōs hōs hai petrai kai ta sidēra*)!"

7.

Die Vernichtung (Annihilierung) eines unseligen Toten und das Auslöschen der Erinnerung an ihn bedeutet einen zweiten Tod nach dem „ersten". Umgekehrt bewirkt der *soziale Tod* einen Totenstatus noch vor dem „ersten" Tod, also eine Totstellung schon *bei Leibes Leben*. Es gibt neben Mischformen und „weicheren Varianten" zwei bedeutsame „Prototypen" von sozial Totgestellten.

(1) Wer sich außerhalb der gemeinschaftlichen Norm stellt, wird lebend zum Wiedergänger. Der biologische Tod kann dieser Befindlichkeit nichts hinzufügen, der Betroffene muss deshalb von der Gemeinschaft (biologisch lebendig oder tot) nochmals getötet (annihiliert) oder allenfalls erlöst werden: so die Gestalt des mittelalterlichen „Ächters"

(Geächteten) und durch Kirchenbann Exkommunizierten, in der Heidelberger Bilderhandschrift des Sachsenspiegels lebend als Toter dargestellt (er liegt vor dem ihn bannenden Priester am Boden und seinem Mund entfährt seine Seele in Gestalt eines Männleins, die vom Teufel sogleich abgeholt wird); ist der Kirchenbann durch die weltliche Acht bestätigt worden, muss der Ächter bei Betreffen (als Wiedergänger) erschlagen werden.

(2) Wer sich außerhalb der gemeinschaftlichen Norm stellt und dadurch schon bei Leibes Leben zum Wiedergänger geworden ist, kann deshalb auch biologisch nicht sterben und muss bis zum Jüngsten Gericht weiterleben, wenn ihn nicht zuvor jemand erlöst (wodurch er stirbt): Sagengestalten wie der „Fliegende Holländer", der „ewige Jude des Ozeans", der, unerlöst, nicht zu sterben vermag, von Heine und Wagner (s. u. 8) mit den gespenstischen Farben eines „lebenden Leichnams" gezeichnet (als „ein Sarg von Fleisch", als bleicher [See-]Mann in schwarzer Kleidung, sein Schiff ein Totenschiff, seine Männer eine Totenschar).

Den sozialen Tod erleidet auch, wer sich aus dem Bereich gemeinschaftlichen Lebens räumlich entfernt, sei es freiwillig (als Eremit, Mönch), sei es unfreiwillig (als Verirrter, als Kriegsgefangener in Feindesland). Den sozialen Tod erleidet ferner, wer außerhalb des Lebensbereichs gemeinschaftlicher Norm steht: durch normenwidriges Verhalten (als Delinquent), durch normenwidrigen Stand (als Kastenloser, „Ehrloser", Armer), durch normenwidrigen Zustand (als Kranker). Wer außerhalb gemeinschaftlicher Norm steht, kann auch räumlich aus dem Lebensbereich der Normengemeinschaft ausgesondert werden: wie im Fall des

Ächters (Verbannten), des Alten (im Alten Indien gilt der alte Vater, wenn er aus dem aktiven Leben scheidet, sein Erbe an die Nachkommenschaft verteilt hat und seine Heimstatt verlässt, als Toter, was durch entsprechendes Ritual signalisiert und bewirkt wird), des Kranken (s. o. 2). Je nach dem Normenkanon einer Gemeinschaft und der Kategorie des sozial Totgestellten werden die von der Totstellung Betroffenen bei lebendigem Leib zu unseligen Toten gemacht und als Wiedergänger getötet: der Ächter (s. o.) bei Antreffen (tot oder lebendig), der Verirrte bei der Rückkehr in die Gemeinschaft. Oder sie werden bloß durch Elemente aus dem Begräbnisritual als Tote markiert: Mönche (die Exequienliturgie als Bestandteil klösterlichen Aufnahmerituals), Kastenlose (Leichentücher als Gewandung gewisser Outcasts in Indien), Arme (die sog. „Grabgangsleute" im altnorwegischen Recht: Mittellose, die man in ein Grab setzte, wo sie verdarben, wenn nicht jemand sich ihrer erbarmte und sie herausholte), Alte und Kranke (s. o.). Oder sie müssen bei gewissen Anlässen die Toten der Gemeinschaft vertreten und repräsentieren: die Armen (die fromme Stiftung des „Seelbades" erquickt als Bad Arme in Vertretung von dadurch begünstigten „Armen Seelen" im Fegefeuer). Oder sie gelten juristisch als Tote: Kriegsgefangene in ihrem Herkunftsland; strafweise der Rechtsfähigkeit Verlustige (beide im römischen Recht: Digesten 49, 15, 18; Gaius 3, 153), Vertreter ehrloser Berufe („Spielleute und Gaukler sind" nach einer Glosse zum Sachsenspiegel „nicht Leute wie andere Menschen … und fast den Toten zu vergleichen"). Es besteht zudem die Vorstellung, dass sozial Totgestellte im Jenseits (wenn es denn für sie vorgesehen ist;

s. o. 5) eine von den normalen Toten geschiedene, mindere Sonderexistenz führen müssen. Das gilt natürlich im Christentum nicht für die Mönche, Eremiten, Armen, Kranken: sie leben ihr marginalisiertes Dasein im Frieden mit der kirchlichen Gemeinschaft, ja, von ihr bevorzugt. Dass auch andere sozial Totgestellte oft gerade zum Leben der Gemeinschaft beitragen – der Verbannte durch Erschließung neuen Lebensraums „draußen"; Outcasts und ehrlose Berufe (Unraträumer; Dirnen, Müller, Leinweber, Spielleute, Bader, Henker, Abdecker, Schäfer, Waldhüter usw.) durch Übernahme von Tätigkeiten, welche die gemeinschaftliche Norm zwar diffamiert, ohne die Gemeinschaft aber nicht funktioniert – sei vermerkt.

8.

Formen sozialer Totstellung sind auch in der Kunst thematisiert worden: durch Richard Wagner – wegen politischer Umtriebe und Schulden selber ein steckbrieflich Verfemter und Verfolgter, was seine auffällige Vorliebe für Figuren wie den „Tannhäuser", den „Fliegenden Holländer", die Kundry (alles sozial Totgestellte) erklären kann; durch Carlo Frutteros und Franco Lucentinis Mr. Silvera alias Ahasver (den „Ewigen Juden", der als Verfluchter und Ausgestoßener bis ans Ende der Zeit wandern muss und nicht sterben kann) in *L'amante senza fissa dimora* (dt. *Der Liebhaber ohne festen Wohnsitz*); durch den *Teryky* des russisch-tschuktschischen Erzählers Juri Rytchëu; durch Werner Bergengruens Darstellung des Aussätzigenschicksals im Roman *Am Himmel wie auf Erden*. Wieder seien zwei der hier zu literarischen Ehren gebrachten Typen von sozial Totgestellten herausgegriffen: der *Teryky* und der *Aussätzige*. Bei arktischen Völkern gilt als Toter, wer sich vom Kollektiv trennt und nach einer bestimmten Frist nicht wiederkehrt (vgl. o. V, 2). Wird z. B. bei den Tschuktschen ein Jäger auf einer Eisscholle abgetrieben und kehrt bis zur Ankunft des Packeises mit Winterbeginn nicht heim, so sind für ihn Begräbniszeremonien abzuhalten, seine Frau wird zur Witwe erklärt und wieder verheiratet. Überlebt der Vermisste und findet nach diesem Termin wider Erwarten zur Gemeinschaft zurück, betrachtet man ihn als einen Teryky: ein unmenschliches, fellbewachsenes Ungeheuer. Ein Teryky ist unfähig geworden, selbst zu sterben (weil ja bereits sozial und rituell tot), und muss (von seinen nächsten Verwandten) umgebracht werden (ebenso jeder und jede, die mit dem Teryky freundschaftlich umgehen sollte). Ist der Teryky getötet worden, nimmt er im Tod seine frühere, menschliche Gestalt wieder an und ist nun erlöst (ein seliger Toter): Der Weg ins Jenseits ist frei. Ein sehr eindrückliches Totstellungsritual ist die „Aussetzung" eines Leprosen im Mittelalter und in der frühen Neuzeit. Wer für „*aussätzig*" erklärt wurde, galt als bürgerlich tot, war von Vater, Mutter, Kindern geschieden. An dem für seine feierliche Aussonderung („Aussetzung") aus der Gemeinschaft bestimmten Tag fand für ihn die Totenmesse statt: Er lag auf einer mit Lichtern umstellten Bahre oder kniete (mit einem schwarzen Tuch verhüllt) daneben. Nach der Messe führte man den Kranken auf den Friedhof, wo er einer regelrechten Begräbniszeremonie unterzogen wurde: Er musste in ein für ihn geschaufeltes Grab steigen, man warf drei Schaufeln Erde auf ihn. Von dem Augenblick an musste er von den Lebenden separiert in einem Aussätzigenhaus vor den Toren der Stadt oder in einer Hütte auf dem Feld außerhalb besiedelten Gebiets (vgl. o.V, 2) wohnen. Seine Absonderung ist freilich „nur" eine leibliche, keine geistliche: er ist weiterhin Glied der *einen* heiligen Kirche mit all ihren Gnadenmitteln und Verheißungen (wenn auch die Gottesdienste für ihn in eigenen Leprosenkirchen, gesondert von den Gesunden, abgehalten wurden).

9.

Die in diesem Kapitel vorgestellte traditionelle (und folkloristische) Konzeption von Leben und Tod (einschließlich der zugehörigen Rituale) lebt in und neben den Schriftreligionen unangefochten oder angepasst oft auch da weiter, wo diese an sich ein abweichendes vor- und nachtodliches, diesseitiges und jenseitiges religiöses „Programm" vorsehen.

VII.
Seele und Jenseits

1.

„Der Seele Grenzen kannst du nicht erkennen ..., so tiefen Grund hat sie", heißt es bei Heraklit. Uns interessiert hier weder die Seele als Gegenstand von Erkenntnistheorie, Ethik und Ästhetik (Verstand, Vernunft, Wille, Gefühl) noch als Gegenstand der Psychotherapie (Unterbewusstes, Bewusstes, Über-Ich) noch als Gegenstand der Neurowissenschaft (Emergenz aus der systemischen Vernetzung neuronaler Prozesse), sondern als „religiöses Phänomen". Wann aber hätte denn „Seele" als religiöses Phänomen zu gelten? Wohl dann, wenn sie nicht einfach nur dem Diesseits, sondern auch der *Anderwelt* zugehört, und noch mehr dann, wenn sie gar beide Bereiche als „Persönlichkeitskontinuum" verbindet. *Seele als religiöses Phänomen* wäre das, *was sich dem religiösen Menschen (an ihm selber und an anderen und anderem) als Mächtigkeit physischen und hyperphysischen (psychisch-geistigen, paraphysischen, parapsychischen, postmortalen) Lebens offenbart.*[23]

---

[23] Hasenfratz, Hans-Peter: Art. Seele (I), in: TRE XXX, 733–737, hier 734. Zum Folgenden vgl. ebd. (mit weiterer Lit. des Vf.); ders.: Die Seele als Verursacherin von Krankheit in traditionellen Gesellschaften, in: ZRGG 52 (2000) 281–285.

2.

Vieles kann sich dem religiösen Menschen als Lebensmächtigkeit offenbaren; deshalb kann er auch mit einer Vielzahl von Seelen rechnen, die sein (personales) Leben konstituieren. Die verschiedenen „seelischen Epiphanien" lassen sich nach Funktion, Verhältnis und Gestalt (Beschaffenheit) unterscheiden. Dabei sind oft Unschärfen und fließende Übergänge in Kauf zu nehmen: Eine seelische Epiphanie mag an mehreren Funktionen mitbeteiligt sein, eine Funktion sich auf mehrere seelische Epiphanien verteilen; Verhältnisse mögen wechseln, Gestalten sich wandeln. Fließend sind auch die Grenzen zwischen „Seele" als personaler („animistischer") und „Macht" (Mana) als unpersönlicher („dynamistischer") Manifestation von Mächtigkeit, da es sich bei „persönlich" („subjektiv") und „unpersönlich" („objektiv") um ethnozentrische Kategorien handelt, die anderen Kulturen in dieser Form fremd sind. Deshalb möchten besonders die Ethnologen ganz auf den Seelenbegriff verzichten und „seelenartige" Phänomene (wie immer verstanden) innerhalb jeweiliger Kulturen nur noch systemimmanent beschreiben. Das hat einiges für sich. Allerdings wird dann *ein* ethnozentrisches Konzept (unseres!) gegen beliebig *viele* andere eingetauscht, was Kommunikabilität und Vergleich erschwert, letztlich Wissenschaft (und die von ihr geforderte „Denkökonomie") verunmöglicht. Das wäre, wie wenn in der Zoologie auf den Begriff „Tier" verzichtet werden müsste, nur weil in einigen Kulturen die Grenzen zwischen Tier und Mensch etwas anders verlaufen oder in einigen Sprachen nur Bezeichnungen für konkrete Tiere vorkommen, aber ein abstraktes Gattungswort „Tier" fehlt. Der bei uns geläufige „einheitliche" Seelenbegriff darf uns andererseits nicht darüber hinwegtäuschen, dass „mehrere Seelen" auch „in unserer Brust wohnen" – im profanen wie religiösen Lebensbereich: wenn uns etwas „auf den Geist geht", wenn wir jemanden anblicken, „als sähen wir einen Geist", wenn wir jemandem „unser Herz schenken", wenn „all unsre Gedanken" bei dem oder der „in der Ferne wei- len", wenn wir etwas „so aus dem Bauch heraus sagen"; wenn Gott „unsern Geist segnen" möge, „dass wir ihm ste- tig blühen", wenn er „unsern Nam aufs beste ins Buch des Lebens einschreiben" und „unser Seel gar feste ins schöne Bündelein einbinden" soll, „der', die im Himmel grünen und vor ihm leben frei", wenn „unser sehnend Herz so groß Verlangen hat und nicht mehr bei uns ist, sich weit über Berg und Tale, weit über Flur und Feld über alle schwingt und aus dieser Welt eilt", wenn „Freude die Fülle und selige Stille uns erwarten wird im himmlischen Garten, dahin unsre Gedanken gericht' sind" (EG 503, 523, 150, 449) – dann kommen auch hier die verschiedensten „seelischen" Funktionen und Gestalten ins Spiel.

3.

Seelen erfüllen verschiedene *Funktionen*, stehen in ver- schiedensten *Verhältnissen* zu ihren „Trägern", manifes- tieren sich in vielerlei *Gestalt* und *Beschaffenheit*. Nach verbreiteter traditioneller Vorstellung von Zeugung und Empfängnis wird beim geschlechtlichen Verkehr des Paares das mütterliche Menstrualblut durch das väterliche Sperma gleichsam zum Koagulieren gebracht (deshalb das Ausbleiben der Regel). „Koagulationsresultat" ist der kindliche Embryo. Belebt wird er durch die konzentrierte Vitalkraft des männlichen Spermas, welche die passive Vitalkraft des weiblichen Menstrualblutes aktiviert: das geschieht durch fortgesetzten Verkehr mit der Schwangeren, durch „Begießen" ihrer Frucht. Dadurch erhält der Fötus seine *Vitalseele*. Eigentliches *menschliches* Leben verleiht ihm dann etwas später die *Freiseele*. Sie stammt meist aus dem Reiche der Ahnen (Clan-Vorfahren) und wird im werdenden Kind neu verleiblicht, indem sie während der Zeit der Schwangerschaft bei einer günstigen Gelegenheit – etwa beim Baden der Schwangeren in einem Gewässer (man vgl. das „Ammenmärchen" vom „Kinderteich"!) – in den Mutterleib eindringt und sich im (belebten) Fötus einnistet. Bei der Geburt (oder Initiation im Pubertätsalter) empfängt der Mensch eine weitere Seele, nämlich die *Außenseele* oder *Buschseele*, ein *alter Ego* (Nagual), das sich im Normalzustand getrennt vom Menschen, dem es zugehört, in verschiedenster Gestalt (Tier, Vogel, auch Gegenstand) in der näheren Umgebung (im Busch) aufhält. Die Vitalseele ist das Prinzip vegetativ-animalischen Lebens im Menschen und eng an den Körper gebunden; daher geht sie mit ihm zugrunde. Die Freiseele verleiht dem Menschen Ich-Bewusstsein (Erkenntnis- und Erinnerungsvermögen, Willenskraft) und befähigt ihn zu sozialem Zusammenleben. Sie steht (wie ihr Name besagt) mit dem Körper in viel loserem Verbund. Im Traumschlaf verlässt sie den Schlafenden, schweift raum- und zeitungebunden durch die drei Welten (Himmel, Erde, Unterwelt). Was sie auf ihren Exkursionen (deshalb auch „*Exkursionsseele*" geheißen) erlebt, träumt der Schläfer.

Auch bei Schrecken, übermäßiger Erregung („Außersich-sein"!), Ohnmacht verlässt sie den Leib, der dadurch in Regungslosigkeit verfällt. Spezialisten und -innen vermögen ihre Freiseele durch bestimmte Techniken vom Körper zu trennen und auf Exkursion zu schicken, auf der sie frei von Raum und Zeit zum Wohl oder im Auftrag der Gemeinschaft bestimmte Aufgaben erfüllt (etwa Zukunftsschau, Kontakt mit Göttern und Ahnen) oder unbefugterweise Menschen an Leib und Seele schädigt. Im ersten Fall sprechen wir von Schamanismus, im zweiten von Hexerei. Beim Tod des Menschen trennt sich seine Freiseele endgültig vom Körper und zieht ins anderweltliche Jenseits, wo sie die „Persönlichkeit" des Menschen auf irgendeine Weise fortsetzt oder eine bewusstlose (aber auch leidlose!) Schattenexistenz führt (Voraussetzung für beides sind korrekte Bestattungsriten; s. o. VI, 4). Oft wird neben der Exkursionsseele noch eine eigentliche *Ichseele* (Egoseele) angenommen, deren Funktion als Prinzip geistigen Lebens die Exkursionsseele aber im Traumschlaf und im nachtodlichen Jenseits übernimmt (d. h.: ist der Mensch wach, funktioniert die Ichseele, und die Exkursionsseele pausiert). Auch die Außenseele steht (wie wieder ihr Name andeutet) nur in losem Verbund zum Körper. Tagsüber weilt sie im Wald oder Busch: was ihr da zustößt, erleidet ihr Eigentümer. Sie stellt gewissermaßen die „Umweltkomponente seiner Persönlichkeit" dar. Nachts, wenn der Mensch seine psychische Energie von der Außenwelt abzieht, bleibt sie bei ihm (deshalb auch ihre Bezeichnung „Schlafseele"). Stirbt der Mensch, stirbt auch seine Außenseele – und umgekehrt. Einzig die Freiseele überlebt, wie gesagt, den Leib im Jenseits („im andern Dorf") und wartet (so wird vielfach geglaubt) als *Reinkarnationsseele* auf eine Gelegenheit zu erneuter Einkörperung in ein neues Individuum ihres Clans. Eine Seele, die nicht allen Menschen, sondern nur „Erwählten" von Geburt oder durch Verdienst oder „Glück" oder Übertragung von anderen zuteil wird, ist die sog. *„Prestigeseele"*, die einem Menschen Autorität, Erfolg, Ansehen, Macht bei seiner Umgebung einbringt; verlässt sie ihn, bringt sie ihm Unglück und Tod.

Zu ihren jeweiligen „Trägern" stehen Seelen in ganz unterschiedlichen *Verhältnissen*. Seele kann (wie im Fall der Vital- und Ichseele) mit dem Körper oder seinen organischen Teilen (den „Seelenorganen" Herz, Haar, Knochen usw.) als *Organseele* oder mit seinen Ausscheidungen (Blut, Sperma, Speichel, Atem usw.) als *Seelensubstanz* untrennbar verbunden sein. Sie kann (wie im Fall der Exkursionsseele) den Körper bei paranormalen Zuständen zeitweise verlassen (und frei schweifen) und beim Tod definitiv quittieren, im Fall der Reinkarnationsseele sich mit mehreren Körpern als Trägern sukzessive verbinden. Sie kann (als Außenseele) ihren regulären Sitz außerhalb des Körpers haben. Seele kann ferner schon vor einem einmaligen Körper als einzigem Träger existiert haben und nach ihm ewig weiterexistieren (*präexistente* unsterbliche Seele).

Seele in ihren verschiedenen Funktionen und Verhältnissen manifestiert sich in mannigfacher *Gestalt* und *Beschaffenheit*: als Mensch („Doppelgänger", Frau, Homunculus, „lebender Leichnam"), Tier (Bär, Wolf, Vogel, Insekt, Schlange, Wurm), Pflanze (Rose), Gegenstand (Holzklotz, Holzsplitter), Element (Feuer, Luft, Wasser: *„Elementar-*

seele"), optisches oder akustisches Phänomen (Licht, Schatten, Spiegelbild, Name). Grobstofflichkeit und Feinstofflichkeit, Körperlichkeit und Unkörperlichkeit, Materialität und Immaterialität sind darum keine tauglichen Kriterien, das, was wir „Körper" nennen, von dem abzugrenzen, was man „Seele" heißt. Seele kann sehr „körperlich" erlebt werden: etwa eine fremde Exkursionsseele, die als Alb schwer auf der Brust ihres Opfers lastet (und sich, wenn man sie fängt, in eine junge Frau verwandelt, die man sogar heiraten kann); oder der „lebende Leichnam", der als Wiedergänger seine Witwe beschläft und schwängert, der andrerseits zu paranormalem Ortswechsel (geisterhaftes Erscheinen und plötzliches Verschwinden) und paranormalen Verwandlungen (in Tier- oder sogar Dinggestalt) befähigt ist.

4.

Die folgenden Ausführungen gelten einer Phänomenologie der „Seelentypen" (Vital-, Exkursions-, Außen-, Prestigeseele) und anschließend einer Beschreibung der „Seelenlandschaft" zweier antiker Schriftkulturen (einer afrikanischen und einer europäischen) mit bedeutsamer Wirkungsgeschichte in der westlichen Theologie und Philosophie.

Die *Vitalseele* verbraucht dadurch, dass sie den Menschen belebt, ständig Lebensenergie, die durch Zufuhr krafthaltiger Speisen und Getränke (Samenkörner, Eier, Leber, Herz, Milch, Blut) und durch Tragen krafthaltiger Talismane (aus Knochen, Haar, bestimmten Steinen) wieder ersetzt werden muss. Körner (Zerealien) sind z. B. besonders krafthaltig, weil aus ihnen eine ausgewachsene Pflanze entsteht, Steine wegen ihrer Härte und Dauerhaftigkeit; die

Krafthaltigkeit der „Leber" benennt schon ihr Name; Blut ist selber Seelensubstanz, Herz und Knochen sind selber Seelenorgan. Stockt der „Nachschub", kommt der Mensch von Kräften. Lebenskraft, Vitalität „strahlt" auch ständig vom Menschen in die Umgebung „ab" – durch seine verschiedenen Körperöffnungen mit deren Ausscheidungen (Kot, Harn, Schweiß, Blut), wozu auch der Atemhauch und der Blick zählen. Körperausscheidungen galten noch in der Neuzeit als besonders krafthaltig und wurden zu Heilzwecken benutzt (etwa in Paulinis *Dreckapotheke* von 1697, erweitert 1734); geraten sie „in falsche Hände", können sie zu schadenstiftender Magie gegen ihren ehemaligen „Besitzer" missbraucht werden. Schwächende und pathogene (krankheitserzeugende) „Strahlungsverluste" erbringen zudem die beweglichen (deshalb für „undicht" gehaltenen) „Nahtstellen" der Körpergelenke. Durch Kleidung, Verhüllung, Umgürtung, Umschnürung, Bebänderung, Verknotung, Bemalung mit Lebensfarbe (Rot, Grün vitalisieren), Tätowierung (Kreise schützen, Kreuze hemmen) ist der Kraftabfluss aufzuhalten, die Vitalität zusammenzuhalten. Kleidung und Körperschmuck haben u. a. magische Funktion: Kreuzungen und Knotungen des Gewebes über Körperöffnungen, Tätowierungen und Bemalung an ihnen, Bänder und Ringe um Gelenke und Glieder hemmen den Austritt von Lebenskraft oder leiten gar neue zu (Rot als magischer Ersatz von Blut). Schädliche Einflüsse von außen, beispielsweise feindselige Gefühle anderer, der böse Blick, magische Behexung (s. o.), Kontakt mit lebensfeindlichen Phänomenen (etwa mit Verwesendem), schlechter „Angang" (Begegnung mit einer alten Frau, einem Krüppel, Fremden – Personifikationen geminderter oder feindlicher Lebenskraft), schwächen die Vitalseele ebenfalls und können krank machen. Wenn nicht stärkende oder apotropäische Vorkehren – die eben genannten, aber auch obszöne Abwehrgesten wie die „Feige" oder das Weisen des nackten Hintern – den Kraftverlust ausgleichen oder abwenden. Der beste Schutz allerdings ist das sympathetische Einvernehmen aller Gruppenmitglieder untereinander (s. o.V, 2). Denn Uneinigkeit mindert die Lebenskraft (gefährdet das Überleben Einzelner und der Gruppe). So befürchtet man (z. B. bei den Lovedu in Südafrika) Unfruchtbarkeit der Tochter, wenn die Mutter ihr (dauernd) grollt, oder (z. B. bei den Messaga in Kamerun) letale Geburt bei Ehebruch der Frau. Stirbt der Mensch, ist seine Vitalität ausgeschöpft: die Vitalseele vergeht. Allerdings bleiben „subliminale" Reste von Vitalität im Leichnam zurück; bei plötzlichem und frühem Tod verbleibt sogar relativ viel „aufgestaute" Lebensenergie, „Leichen-Mana", im toten Körper gespeichert. Durch Ausgraben von Leichen und Leichenteilen wurde und wird Leichen-Mana in der Volksmedizin zu Heil- und Fruchtbarkeitszauber, von Nekromanten zur Beschwörung von Totenseelen (mittels pars-pro-toto-Magie) „aktiviert", auch von modernen sog. „Okkultperversen" „angezapft" (vgl. o. III, 2 und 4).

Die Fähigkeit der *Exkursionsseele*, sich losgelöst vom Körper zu bewegen, trägt ihr auch entsprechende Gefährdungen ein. Sie kann sich z. B. in einer der von ihr im Traumschlaf durchstreiften drei Welten verirren und nicht zurückfinden. Sie kann von einem missgünstigen Zauberer abgefangen und festgehalten oder sogar gequält werden. Wenn es nicht gelingt, sie innerhalb einer bestimmten Frist wieder zurückzuholen, erkrankt ihr Eigentümer und stirbt elendiglich. Das Aufspüren und Zurückgeleiten der vermissten Exkursionsseele und damit die Heilung des Kranken ist Aufgabe des Schamanen. Er schickt seine eigene Freiseele auf die Suche, die verirrte Seele zu finden, die gefangene ihrem Räuber und Peiniger wieder abzujagen. Gelingt das gefahrvolle Unternehmen der Rückführung, gesundet der Kranke. Gefährdete Freiseelen, besonders die kränkelnder oder chronisch anfälliger oder von feindlichem Schadenzauber bedrohter Menschen oder die von Kleinkindern (die im zarten und schwachen frühkindlichen Leib noch nicht recht heimisch geworden sind), „lagert" der Schamane „aus", indem er sie an Verstecken (oft im Jenseits), die nur ihm bekannt sind, (in Behältnissen) birgt, bis die Gefahr vorüber ist. Diese „Zwischenlagerung" mag im Falle langwieriger Krankheiten oder anhaltender schwarzmagischer Bedrohung (der besonders VIPs ausgesetzt sind und deren Gefährdung die ganze Gruppe trifft, die sie in ihrer Person repräsentieren) über Jahre dauern. Via Schamanen bleibt der Kontakt der Seele zum Kranken oder Gefährdeten gewahrt und gewährleistet. Ein weit verbreiteter Glaube verbietet es, einen Schläfer unvermittelt zu wecken oder gar von seiner Stelle zu rücken. Seine Seele auf Traumexkursion wagt sich oder findet dann nicht mehr zurück; der Zustand des im Schlaf „entseelten" Körpers wird definitiv: der Mensch stirbt binnen kurzem. Im Schlaf ist der Mensch auch sonst besonders gefährdet. Bei Abwesenheit der eigenen Freiseele ist es für die Freiseele eines zauberischen Menschen besonders attraktiv, vom Leib des Schläfers Besitz zu ergreifen und ihn als „Reittier" zum gefährlichen Mahrtenritt zu zwingen oder als Alp zu drücken: Der Betroffene erlebt sich in ein Pferd verwandelt und von einer fremden Macht zuschanden geritten oder von einem Ungeheuer, das auf seiner Brust hockt, bis zum Ersticken gewürgt. Der so gepeinigte Schläfer erwacht morgens schweißgebadet, völlig entkräftet und halb stranguliert. Durch geeignete Maßnahmen (Amulett, Spruch, Blockieren des Rückwegs) lässt sich die zauberische fremde Exkursionsseele (der Mahr, das Alp) bannen oder fangen und so unschädlich machen. Ist ihr der Rückweg zu ihrem zauberischen Eigentümer (meist eine Eigentümerin!) verbaut (denn sie muss nach dem „Gesetz der Geister" denselben Weg nehmen, den sie kam), stirbt der Zauberer (oder sein weibliches Gegenstück) seinerseits (andere Möglichkeit: s. o. 3). Bei den Südgermanen hieß eine solche Schaden stiftende Exkursionsseele „Geist" (vgl. isl. *geysa*: gewaltsam bewegen, antreiben, aufwallen; dazu Geysir, Geiser); Hexen lassen sie (in der Grimmschen Sage *Der ausgehende Rauch*) mit den Worten ausfahren: „Geist, tue dich entzücken und tue jenen Knecht drücken!" Dann quillt ein schwarzer Rauch aus ihrem Mund zum Fenster hinaus. Die frühen südgermanischen Christen trugen verständlicherweise Bedenken, den dritten Artikel des Glaubensbekenntnisses mit „Ich glaube an den Heiligen Geist" wiederzugeben; sie zogen die Formulierung „Ich glaube an den Heiligen Atem" vor. Nordgermanische männerbündische Elitekrieger (s. o. V, 4) waren darauf trainiert, an sich die sog. Berserker-Wut zu induzieren, eine Kampfekstase, die mit Unverwundbarkeit durch Eisen und Unempfindlichkeit gegen Feuer sowie mit Gestaltwandel oder Seelenexkursion verbunden war: Der Kämpfer vermag sich in ein wildes Tier (Bär oder Wolf) mit dessen Kampfeigenschaften zu verwandeln oder (was dasselbe ist) seelische Kräfte (seine Exkursionsseele) in Tiergestalt (Bär) von seinem Körper zu trennen und in den Kampf aussenden, während der Körper selber in Untätigkeit (Schlaf) verfällt. Wie man sieht, sind Gestaltwandel und Seelenexkursion nur zwei Erlebnis- und Beschreibungsvarianten desselben Phänomens. Im Zusammenhang mit der Exkursionsseele trifft man die Vorstellung, dass jemand sterben müsse, dem sich sein „Doppelgänger" zeigt: die eigene Exkursionsseele im Begriff, sich endgültig von ihrem Körper zu trennen. In Hugo von Hofmannsthals *Reitergeschichte* (der Geschichte mit dem längsten deutschen Satz!) ist das Motiv zentral. Die „deutsche Seele", so gefühlsschwanger sie sich heute gibt, war einmal etwas ganz anderes: eine Exkursionsseele, die den Leib beim Tod verlässt und in bestimmten heiligen „Seen" („See-le" ist eine Wortableitung von „See" und meint: vom See stammend, zum See gehörig) auf neue Einkörperung wartet (und so zur *Reinkarnationsseele* wird). Meist verkörpert sie sich in einem Nachkommen, der den *Namen* seines Großvaters trägt („Enkel" bedeutet etymologisch „kleiner Ahn", „Ähnchen"; *en-inklīn* ist Verkleinerungsform von *ano* „Ahn").

Die *Außenseele* lebt in Tiergestalt (meist als Vogel) im Wald („Buschseele"); nachts kehrt sie bei „ihrem" Menschen ein, der dann einschläft („Schlafseele"). Ihr Verziehen oder Ausbleiben verursacht Schlafstörungen. Im Wald und in Vogelgestalt kann ihr vielerlei zustoßen, ein Jäger (sogar versehentlich ihr Eigentümer) sie abschießen. Dann stirbt „ihr" Mensch. Überhaupt: was ihr geschieht, muss er an sich erleiden. Fängt sie ein fremder „Mensch, der Geister anfasst", ein, um sie zu töten, abzukochen und zu verzehren, dann wird der Eigentümer sterben – es gelänge denn dem Schamanen, die gefangene Seele dem Entführer rechtzeitig zu entreißen: diesfalls wird der Todkranke wieder genesen. Mancherorts fungiert die *Plazenta* als Außenseele: unter einem Fruchtbaum eingegraben und vor Tierfraß geschützt, garantiert sie dem Neugeborenen Gedeihen und langes Leben. Besondere Umstände (etwa der Spruch von Schicksalsgöttinnen) können das Leben eines Menschen mit einem bestimmten Gegenstand, etwa einem Holzscheit (Meleager-Motiv), verknüpfen: Der betroffene Mensch lebt dann so lange, wie das Scheit (als seine Außenseele) nicht verbrennt. Der Rom Matéo Maximoff hat in seinem „Zigeunerroman" *Die Ursitory* diesen bei seinem Volk geläufigen Glauben dichterisch beschworen. Wer einen Gegenstand, „an dem sein Herz hängt", als *Geschenk* weggibt, gibt damit ein Stück seiner selbst in andere Hand; denn eine Gabe enthält „Seele" von dem, der gibt, ist Außenseele – so eine universal verbreitete Überzeugung (vgl. o. V, 4: Gabentausch).

Man mag sich fragen, ob die *Prestigeseele* überhaupt „Seele" nach unserer Definition sei. Denn der Mensch kann auch ohne sie leben: nicht alle Menschen haben sie. Wer sie aber einmal hat und sie dann dauernd (vorübergehend kann sie ohne Schaden auf jemanden übertragen werden, der von ihrem Träger mit einer schwierigen Aufgabe betraut wird, die er glücklich erledigen soll) einbüßt, verliert meist sein Leben oder erfährt eine erhebliche Lebensminderung. Im (Alten) Iran heißt sie „Glücksglanz" und umgibt ihren Träger mit einer sichtbaren Gloriole (ikonographisches Vorbild für den christlichen Heiligenschein). Macht sich der König, der sie besitzt, einer Lüge schuldig oder deckt er eine Unwahrheit (vgl. o. V, 7), verlässt ihn der Glücksglanz (in Vogel- oder Widdergestalt) und geht auf einen würdigeren Träger und Nachfolger über; der Verlassene findet den Tod. Ähnlich verhält es sich mit den Prestigeseelen von Häuptlingen, Königen, geistlichen und weltlichen „Führern" in anderen Kulturen. Auch nach heutigem Sprachgebrauch schreiben wir einer „bedeutenden Persönlichkeit" eine „besondere Ausstrahlung" zu.

5.

Für das Alte *Griechenland* ist (von Anfang an) eine Vielzahl von seelischen Epiphanien bezeugt, und auch schon früh eine Art Dualität von Exkursionsseele einerseits und einem Komplex von Vital- und Ichseelen andrerseits. Stirbt der Mensch, so verlässt ihn die Exkursionsseele *psychē* (wörtlich: kalter Hauch) durch den Mund oder eine offene Körperwunde und flattert gleich einer Fledermaus in den Hades, wo sie als blutloser Schatten ohne eigentliches Bewusstsein west. Bevor der Leichnam bestattet ist, vermag die *psychē* als unkörperliches Abbild des lebenden Menschen andern zu erscheinen. Ist der lebende Mensch inaktiv (im Schlaf), trennt sie sich von ihm im und als Traum; ist er aktiv (wach), „schläft" sie bei ihm. Der Vital- und Ichseelenkomplex ist durch den *thymos* (Grundbedeutung: Rauch, Dampf; vgl. o. 4: schwarzer Rauch) abgedeckt: belebendes Prinzip des Leibes und zugleich sein geistiges (denkendes, wollendes, begehrendes) Prinzip mit Sitz in der Brust, genauer im Zwerchfell (in der *phrēn*) als Seelenorgan. In gleicher Seelenorganfunktion erscheint auch das Herz (die *kardiā*): Sitz des Denkens (*noos*, später *nous*), Wollens und Begehrens (*menos*), des Lebens überhaupt. Da der *thymos* mit dem Tod des Menschen untergeht, ist die *psyche* im Hades ohne Bewusstsein; nur eine Spende von Blut (Seelensubstanz) flößt ihr vorübergehend geistige Vitalität ein. Bei Platon sind unter dem Namen *psyche* Exkursions-, Ich- und Vitalseelenfunktion zu einem *einheitlichen Seelenbegriff* vereinigt. Dazu mag vorsokratische (Natur-)Philosophie beigetragen haben, die in der *psyche* nicht bloß die passive Begleiterin des aktiven Menschen sehen wollte, sondern sein aktives Prinzip in allen Lebensäußerungen; dann auch die in religiösen Kreisen (Orphiker, Pythagoreer) aufgekommene Lehre einer adäquaten Vergeltung im Jenseits (für die Taten im Diesseits), die eine bewusste postmortale Existenzform der *psyche* geradezu erheischt. Überdies ist die (platonische) *psyche* unter wahrscheinlichem Einfluss älterer religionsphilosophischer Lehren Reinkarnationsseele geworden und stellt sich jetzt als präexistente unsterbliche Seele dar, die durch einen „intellektuellen Fall" in die terrestrische Sphäre verbannt wurde und hier (gemäß ihrem moralischen Verhalten) in verschiedene Leiber eingekörpert werden muss, bis ihr – gereinigt – die Rückkehr in die himmlischen Regionen verstattet ist (um wieder als „Gefährtin" der Götter ganz der beseligenden Schau der ewigen Ideen zu leben). In der Zeit nach Platon driftet dessen einheitlicher Seelenbegriff wieder auseinander in eine göttliche und allein unsterbliche Kraft im Menschen mit Namen wie *nous* (s. o.), *pneuma* (feuriger Hauch), *logos* (Vernunft) und eine unvernünftige vegetativ-animalische und vergängliche Kraft mit dem

Namen *psychē*. Verglichen mit der alten Zeit haben *psychē* und *nous* ihre Positionen vertauscht: Die alte Exkursionsseele (*psychē*) wird zur sterblichen Vitalseele, die vergängliche Ichseele (*noos*) zur unsterblichen Exkursionsseele.

6.

Die Besonderheit *altäyptischer* Seelenvorstellungen besteht darin, dass sich der Ägypter ein nachtodliches Leben (*akhū*: Verklärtsein) ohne die Fortexistenz und ständige Interaktion derjenigen anthropologischen Konstituenten nicht vorstellen kann, die schon sein vortodliches Leben ausmachten. Erst wo diese Grundbedingung nicht erfüllt ist – etwa durch Bestrafung im Jenseitsgericht (Vernichtung im Feuersee), Störung der Interaktion zwischen den einzelnen anthropologischen Konstituenten (Tilgung oder Vergessen des Namens, Sistierung der Opfer u. a.) –, spricht der Ägypter von „Tod" (*mūt*). Erst dieser „zweite Tod" bedeutet Nichtsein (s. o. VI, 3). Deshalb auch das „vitale" Interesse an der postmortalen Konservierung (Mumifizierung) des Leibes (s. o. VI, 4), der hier nach unserer Definition als „Seele" anzusprechen ist (s. o. 1 und 3: „lebender Leichnam").

Mit dem Leib und untereinander interagieren: der *ba*, der Schatten, und der *ka*, das Herz, der Name. Wenn der Leib schläft (nachts), entfernt sich der *ba* (Hieroglyphe: Storch) in Vogelgestalt von ihm und schweift frei (fährt mit dem Sonnengott Re auf der Sonnenbarke durch die Unterwelt, wo dann Tag herrscht). Soll der Leib erwachen (Tag), vereinigt sich sein *ba* wieder mit ihm und belebt ihn. Ist der Mensch ein „Verklärter" in der Unterwelt (im Grab), dann verhält sich sein *ba* analog: ist es in der Unterwelt Nacht, dann schläft der Leichnam, sein *ba* schweift frei (fährt mit dem Sonnengott Re auf der Sonnenbarke über die Oberwelt, wo dann Tag herrscht). Wird es in der Unterwelt Tag (weil die Sonnenbarke aus der Oberwelt in die Unterwelt einfährt), dann erwacht der Leichnam aus seinem Schlaf, weil sein *ba* sich mit ihm wieder vereinigt und ihn belebt. Der *ba* ist also eine Exkursionsseele – mit der Besonderheit, dass sie ihren Leib auch im Tode nicht verlässt (sich nicht endgültig von ihm trennt und allein in ein fernes Totenreich zieht), sondern weiter mit ihm interagiert.

Ebenso verhält es sich mit dem *Schatten* (Hieroglyphe: Sonnenschirm) des Menschen: Am Tag weilt er als unzertrennlicher Begleiter bei ihm (ist sichtbar), nachts verlässt er ihn und geht schweifend ins nächtliche Dunkel ein (wird unsichtbar); kommt wieder der Tag, kehrt er zu ihm zurück. Analog beim Verklärten, aber mit der unterweltlichen zeitlichen Phasenverschiebung. Auch der Schatten ist eine Art Exkursionsseele (mit derselben ägyptischen Besonderheit wie der *ba*).

Der *ka* präsentiert sich als ebenbildlicher unsichtbarer Doppelgänger jedes Menschen und als seine von Gott geschaffene und durch elterliche Zeugung und Adoption empfangene, durch Nahrungsaufnahme immer wieder erneuerte und zu Lebzeiten mit ihm vereinte Lebenskraft (die Hieroglyphe bedeutet „annehmen": als Kind und von Nahrung; s. o. VI, 2). Wird der Mensch verklärt, trennt sein *ka* sich von ihm und lässt sich in der Statue des Verklärten nieder, die (im Gegensatz zu der unzugänglichen Leiche in der Sargkammer) für Opferspenden von Hinterbliebenen „zugänglich" bleibt und die (als Duft, Anblick oder bildmagisch) empfangenen Gaben an den Verklärten weiterleitet. Demnach ist besagter *ka* vor allem Vitalseele – wieder mit der Besonderheit, dass sie postmortal nicht mit dem Leib zugrunde geht (solange der intakt bleibt), sondern als Außenseele weiter mit ihm interagiert. Der *ka* offenbart daneben Ichseelen-Aspekte, wenn literarische Dokumente mit der Formel schließen: „Es ist gut zu Ende gebracht durch den *ka* (Kunstfertigkeit, planende Umsicht) des Schreibers."

Das *Herz* ist „Organ" der Gedanken, Willensregungen und Gefühle, Sitz des Gewissens und des Lebens. Es wird mit und in der Mumie konserviert und muss im Jenseitsgericht (vor Osiris) für den Verstorbenen Rechenschaft ablegen, wobei seine moralische Qualität (s. o. V, 5; auch VI, 4) auf einer Waage taxiert wird (Psychotaxie). Es firmiert als Ich-, Vital- und Organseele zugleich.

Auch der *Name* des Menschen (Hieroglyphe: sitzender Mann mit der Hand an Mund oder Kopf, also sprechend oder denkend) sichert sein postmortales Fortleben. Er wird vor den Totenrichtern „stinkend", wenn das Herz bei der Wägung nicht besteht. Wird er hingegen von der Nachwelt auf der Oberwelt genannt, gerühmt, geschrieben, gelesen (Grabinschriften), so lebt er; durch Tilgung des Namens (*damnatio memoriae*; s. o. VI, 3) stirbt sein Träger (übrigens nicht nur im Alten Ägypten; der Terminus entstammt ja dem römischen Strafrecht!) den zweiten Tod. Der Name fungiert also als eine Art akustische oder graphische Außenseele. Das zeigt auch die magische Praxis: Wer den Namen eines (lebenden oder toten) Menschen kennt, hat dessen Wesen in seiner Gewalt und kann es für seine Zwecke manipulieren („Rumpelstilzchen-Effekt"!). Wichtig bei dieser Form der

Wortmagie ist nicht nur die Kenntnis des Individualnamens, sondern auch des Mutternamens. Ohne Kenntnis des Mutternamens ist ein Individuum u. U. magisch ungenügend identifizierbar; denn es gilt: *mater semper certa, pater semper incertus* – die Mutter ist immer gewiss, der Vater nie! Zauberpapyri setzen denn zum Individualnamen des Opfers immer auch den Mutternamen.

Ein Letztes – und damit sind wir bei der religions- und geistesgeschichtlichen *Nachwirkung* ägyptischer „Seelenlehre": Durch Anwendung von Seelenterminologie auf die Beziehungen zwischen verschiedenen Gottheiten gelingt es altägyptischer Theologie nämlich, zwei oder mehrere Gottheiten derart miteinander in Verbindung zu bringen, dass sie als verschiedene personale Seinsweisen einer einzigen von ihnen aussagbar sind. So wird Osiris, der Unterweltsherrscher, der (in der Unterwelt) schläft, wenn der Sonnengott Re über den Tageshimmel seine Bahn zieht, der durch die Ankunft des Sonnengottes in der Unterwelt (wie alle Verklärten) von ihm belebt wird und erwacht, als Leichnam (Leib) des Re, Re als vitalisierender *ba* des Osiris prädiziert. Oder die Göttin Maat, die personifizierte Weltordnung und Weisheit, als *ka* des Re: sein schöpferisches Planen, seine Vitalität, von der er sich täglich nährt, seine Stellvertreterin in den Herzen seiner „Ebenbilder" – der Menschen (s. o. II, 5). Damit ist die *Trinitätslehre* schon „vorgedacht": der Sonnen-Ba Re als *Schöpfer* der Welt, Osiris, sein *Leib*, als *Erlöser* der Menschen (vom ewigen Tod; vgl. o. I, 1), Maat, sein Ka, als *Beistand* (Leiterin) der Menschen. Und es ist wohl kein Zufall, wenn die klassische Trinitätslehre (nach Whitehead, „Vater" der mathematischen Logik, von fundamentaler Bedeutung für die abendländische Philosophie) vom ägyptischen Alexandrien ihren Ausgang nahm. Sie ermöglichte es christlicher Theologie, das Verhältnis zwischen Gott Vater, Gott Sohn, Gott Heiligem Geist nach Vorgabe biblischer Aussagen in ein Modell zu fassen, das den monotheistischen Rahmen wahrt (wofür griechische Philosophie kein passendes Denkmuster anzubieten hatte).

7.

Wie sieht nun das „*Jenseits* der Seele" (A. Dessoir) des Verstorbenen aus? Wo ist es? Was ist es? Wie gelangt man dahin?[24] Das Jenseits der Seele ist überall. *Im* Himmel (oder in deren drei bis sieben und mehr): diese Vorstellung ist uns wohl am geläufigsten („wir kommen alle, alle in den Himmel"!). Totenseelen leuchten aber auch als Sterne *am* Himmel (sog. „Verstirnung"). *Auf* der Erde: hier besonders auf paradiesischen Inseln im Westen „jenseits" des Meeres („Inseln der Seligen"). *In* der Erde: im Grabhügel (Wohnung und Aktionsbasis des „lebenden Leichnams"); in bestimmten Bergen („Totenberge"), deren Form der Tumulus (das Hügelgrab) ja kopiert; in einem unterirdischen Totenreich. Oder an mehreren Orten zugleich („mehrfache Lokalisation"): auch wir nehmen ja keinen Anstoß, uns unsere

---

[24] Zum Folgenden vgl. Müller, Klaus E.: Sterben und Tod in Naturvolkkulturen, in: Becker, Hansjakob/Einig, Bernhard/Ullrich, Peter-Otto (Hg.): Im Angesicht des Todes, I (PiLi 3), St. Ottilien 1987, 49–90, hier 80ff; Hasenfratz, Hans-Peter: Zarathustra, in: Antes, Peter (Hg.): Große Religionsstifter, München 1992, 9–31 und 209–212, hier 17f, 22, 27ff.

Verstorbenen im Himmel, im Grab und „irgendwie um uns"
präsent zu denken (oder zu erleben). Nahes Grab und fernes
Jenseits können auch als verschiedene Aspekte ein und derselben Anderwelt zusammenfallen: was man hier veranstal-
tet (etwa Totenspeisung, Grabausstattung), kommt der Seele
dort zugute. Diesseits und Jenseits entsprechen sich dann
gelegentlich in einer Art Symmetrie („Diesseits-Jenseits-
Symmetrie"): Bei den Etruskern entsprach dem Zug der
Leiche zum Grab die Fahrt des Toten (der Exkursionsseele
hinthial) ins jenseitige Reich, dem letzten Geleit der lebenden Angehörigen der jenseitige Empfang des Toten durch
die verstorbenen Verwandten, dem Leichenschmaus und
den Leichenspielen am Grab das Bankett und die Belus-
tigungen in der Anderwelt (auf Vasen und in Gräbern bild-
lich dargestellt). Indem die Hinterbliebenen dieses besorgen,
muss jenes eintreffen (antizipatorische Imitations- und Bildmagie; s. o. III, 2).

Und damit sind wir schon beim Verhältnis Diesseits –
Jenseits. Das Jenseits ist vielfach *analog* zum Diesseits
ausgestattet: Die Verrichtungen, die man hier tut, tut man
(innerhalb einer gewissen Variationsbreite) auch dort; den
Rang, den man hier bekleidet, bekleidet man auch dort.
Auch im Jenseits (im „Binsengefilde") müssen die verstorbenen Ägypter Feldarbeit leisten, Kanäle ziehen und aus-
schachten. Deshalb gibt man der Mumie oft Dienerfigür-
chen (Uschebtis) bei; und wenn der Tote dann aufgerufen
und verpflichtet wird, „Arbeit zu leisten, die dort im Totenreich geleistet wird", dann soll der Uschebti (an seiner Statt)
„antworten" (*usheb*): „Ich will es tun, hier bin ich!" (*Totenbuch* 6). Das „Paradies" (awest. *pairi.daēza*: umfriedeter

Garten) gleicht einem („himmlischen"; s. o. 2) „Garten" (arab. *jannat*), „schön und grün" (*ḥasanat ḥaḍrāʼ*); man trifft dort auf die Menschen, die einem schon zu Lebzeiten lieb und teuer waren (Ibn Faḍlān, *Risāla*, § 90). Dass das Jenseits doch auch „etwas anders" ist als das Diesseits, zeigt z. B. im Alten Ägypten eine neue, den Toten auferlegte vegetarische Lebensweise: „Alles Vieh und alles Gewürm, das dieser große Gott geschaffen hat", braucht den Menschen nicht mehr als Nahrung zu dienen (*Pfortenbuch*, Anfang und 55. und 56. Szene). Oder die künftige Befreiung der Frau von ihrer irdischen monatlichen „Unreinheit" im Koran (Sure 2, 25).

Und so schlägt denn die Analogie leicht in *Andersartigkeit*, das *aliter* („anders") in *totaliter aliter* („komplett anders") um: das Jenseits (als gesteigertes Diesseits) in eine „verkehrte Welt" (ein universal verbreitetes Jenseitsbild). Will man den Toten etwas ins Jenseits mitgeben, muss es vorher zerstört werden; denn was hier ganz ist, ist dort unbrauchbar, was hier unbrauchbar ist, ist dort ganz. Man legt den Toten ihre ehemaligen Kinderpuppen (die man lebenslang aufbewahrt) mit in den Sarg; denn im Jenseits läuft die Zeit rückwärts, die Toten werden ihre Puppen wieder brauchen – so Glaube und Brauch bei den Ugren (um den nördlichen Ural). Wenn es im Diesseits hell ist, ist es im Jenseits dunkel und umgekehrt (s. o. 6). Oder es herrscht überhaupt ewiges Dämmerlicht – und nicht wechseln wie auf der Erde Tag und Nacht. Die Jenseitsbewohner gehen auf dem Kopf („Kopffüßler"), haben die Augen hinten statt vorn („Hinteräugige"), Aufnahme und Ausscheidung von Nahrung drehen sich um: die Menschen essen Kot und scheiden Nahrung aus. Was Bäume, Tiere, Pflanzen und Wasser im Diesseits von Menschen erleiden mussten, kehrt sich jetzt gegen sie: Bäume zerhacken, Tiere schlachten, Pflanzen essen, Wasser schlürfen Menschen. Diesem schrecklichen Geschick ent- geht der Mensch nur, wenn und weil er Baum, Tier, Pflanze und Wasser ins tägliche Feueropfer (*agnihotra*) mit einbe- zieht: den Baum im Brennholz des Opferfeuers; das Tier in der dargebrachten Milch; die Pflanze im brennenden Stroh- halm, mit dem man in die aufkochende Milch leuchtet (um zu sehen, ob sie schon kocht); das Wasser durch den Guss, womit man die Milch beim Überkochen abschreckt. So versöhnt man alle zum Voraus, weiß die altbrahmanische Legende *Bhrigu im Jenseits*.

Damit steht das Thema *Jenseitsreise* an: Wie gelangt die Seele des Toten in ihr Jenseits? Einmal natürlich durch strikte Wahrung der Diesseits-Jenseits-Symmetrie, wo sie vorgeschrieben ist (s.o.); allgemein durch die ordentliche Bestattung (s.o.VI, 4). Die Reise bis zum definitiven Auf- enthaltsort der Seele ist beschwerlich und gefährlich. Die Wege dieses „Zwischenreiches" sind labyrinthisch verschlun- gen, die Dimensionen von Raum und Zeit verschoben. Oft holen Jenseitsnumina die Toten schon an der Schwelle des Todes ab: bei den Etruskern Charu mit seinem Hammer (Symbol der Endgültigkeit des Todesgeschicks), Vanth mit Schriftrolle (Todesbefehl oder Verzeichnis der *res gestae*, das zu Ende ist?) und Reisestiefeletten, in ihrer Linken eine Fackel (zur Wegbeleuchtung); bei den Indern (u. a.) der Feuergott Agni (Kremation!); in anderen Kulturen andere „Seelengeleiter" (*Psychopompoi*). Oft ist es der Schamane einer Gemeinschaft, dessen Exkursionsseele den Toten führt;

denn er kennt die Jenseitstopographie. Oft stattet man den Toten mit genauen Jenseitsbeschreibungen und -karten aus (die ägyptischen *Unterweltsbücher*), oft mit „Totenpässen". Solche Totenpässe sah auch der russisch-orthodoxe Bestattungsritus vor, wie ihn uns Adam Olearius in seiner 1656 erschienenen *Moskowitischen und Persischen Reise* beschreibt. Ein derartiger Pass, vom Patriarchen in Moskau, an andern Orten von den Metropoliten und Erzbischöfen oder in deren Ermangelung von den ansässigen Popen gegen Gebühr ausgefertigt, unterschrieben und versiegelt und vor dem Verschließen des Sarges dem Leichnam vom Geistlichen zwischen zwei Finger gesteckt, bestätigt dem Begünstigten den rechten (orthodoxen) Glauben, Lossprechung von Sünden und Empfang des Heiligen Abendmahls, Verehrung der Heiligen, Fasten, Beten und Beichten und empfiehlt ihn dem Petrus und andern Heiligen gegen Vorweisung zum Einlass durch die „Tür der Freude". Oft muss die Seele einen Strom durchqueren, was nur mit Hilfe eines Jenseitsfährmanns möglich ist, der wiederum nur die übersetzt, deren Leichnam schon bestattet ist (Vergil, Aeneis, 6, 295 ff); oft muss sie eine hohe Mauer überspringen, oft über eine Jenseitsbrücke gelangen, oft sich Wachhunde mit Geschenken (Nieren einer Kuh) gefügig machen; oft ein Meer, auf einem Hippokampen (antikes mythisches Wesen: fischschwänziges Pferd) reitend, durchpflügen – bis sie endlich aus dem Zwischenreich ins eigentliche Reich der Seelen, ihre „wahre Heimat", findet. Ob sie da für immer bleibt, allmählich schwindet, sich (in der Gruppe ihrer Hinterbliebenen) wiedereinkörpert, von einem jenseitigen Ort (etwa einem Reinigungsort, einem „Fegefeuer") in einen

andern (ins Paradies) wechselt, sich endlich mit ihrem leiblichen Substrat (Knochen) oder einem neuen „geistlichen
Leib" zu einer neuen „moralischen Gesamtpersönlichkeit"
vereinigt (leibliche Auferstehung) oder ob das alles nur
„Gaukelspiel" (*Māyā*) falscher Ich-Befangenheit ist (so
das tibetische Totenbuch *Bardo Tödol*), das endet, wenn
diese aufgehoben wird (vgl. o.V, 9) – dies alles hängt an den
„Programmen", die die verschiedenen Religionen (spirituellen Lehrsysteme, „esoterischen Warenkörbe") anzubieten
haben.

Ein Zusammenhang zwischen moralischem Verhalten
(des Menschen) im Diesseits und Ergehen (der Seele) im
Jenseits besteht nach vielen religiösen Programmen nicht.
Bei den Nordgermanen (ein Beispiel) waren vor allem Todes-
art, Geschlecht und sozialer Status für die nachtodliche Befindlichkeit maßgebend: Wer im Kampf fiel, kam zu Odin
(oder Freyja) in die Himmelswelt; wer an Alter oder Krankheit (den sog. „Strohtod") starb, zu Hel in ein unterirdisches
Reich; wer im Meer ertrank, zur Meergöttin Ran. Jung-
frauen kamen zu Gefjon-Freyja, Frauen zu Hel (gelegentlich zu Freyja). Die Edlen kamen zu Odin, die Knechte zu
Thor – es sei denn, sie folgen ihren Herren in den Tod nach
(das gilt auch für Sklavinnen, die sich mit ihren toten
Herren zusammen lebend begraben lassen), dann folgen sie
ihnen auch zu Odin (oder ins Paradies) nach. Im ältesten
Indien (ein weiteres Beispiel), also bevor dort die religiösen
Ideen durch die Seelenwanderungslehre und die upanischa-
dische Philosophie (s. o.V, 9) ihre spezifische Prägung ge-
wannen, eröffnete sich fleißigen Opferern und Genießern
des berauschenden Opfertrankes Soma der Bereich „unver-

sieglichen Lichts", ein himmlischer Garten mit ewig strömenden Wassern, wo sich alle Wünsche erfüllen – während gewöhnliche Sterbliche in einer unterirdischen Stätte der Dunkelheit freundlos dahindämmerten. Zum ersten Mal historisch fassbar wird die religiöse Idee der *adäquaten Vergeltung* im Jenseits (für moralisches und bewertbares Verhalten im Diesseits) im Alten Ägypten und hier spätestens seit etwa 2000 v. Chr. In ihrer klassischen Form im Neuen Reich ist sie auch im Bild ausgedrückt (*Totenbuch* 125 mit Vignette): Das Herz des Toten (s. o. 6) wird mit einem Symbol der Göttin Maat (Göttin der rechten Ordnung) auf einer Waage austariert; bleibt es im Gleichgewicht, darf der Tote als „Verklärter" im Jenseits leben, neigt sich die Waage, erleidet er den zweiten, endgültigen Tod. Dazu muss er ein „negatives Bekenntnis" ablegen, worin er erklärt, keine Sünden begangen zu haben („ich habe nicht krank gemacht, ich habe nicht weinen gemacht, ich habe nicht getötet, ich habe nicht zu töten befohlen ..." usw.). Damit sein Herz (sein schlechtes Gewissen) ihn nicht verrät, wenn er sich hierbei herauslügt, bindet man der Mumie aufs Herz ein Amulett um mit dem „Spruch, das Herz des NN sich nicht ihm widersetzen zu lassen im Totenreich" (*Totenbuch* 30 A und B, Rubr.). Der Ägypter ersann also Tricks, die adäquate Vergeltung durch das jenseitige Totengericht magisch auszuschalten. Und dazu hatte er ein gewisses Recht, zählt doch zu den Wohltaten Gottes gegenüber den Menschen auch die, dass er „ihnen Zauber (plur.) gemacht" habe „als Waffen zum Schutz gegen böses Widerfahrnis (*kheprit*)" (Papyrus Petersburg 1116 A).

Ohne Lüge geht es, muss es gehen, im *Hadōkht Nask*, einem heiligen Text des Zoroastrismus, dessen Vorstellungen in die Zeit des Propheten *Zarathushtra* hinabreichen mögen, in ein kulturelles Ambiente um den Südfuß des Ural im zweiten vorchristlichen Jahrtausend, Siedlungsraum iranischer Stämme (vor ihrem Aufbruch nach Süden; s. o. V, 7). Der Text beschreibt das Schicksal der Seele nach dem Tod eines Menschen, also die „individuelle Eschatologie". Stirbt ein Mensch, so hält sich seine (Exkursions-)Seele (awest. *urvan*) noch während dreier Tage beim toten Körper auf. Gegen Ende der dritten Nacht weht die Seele des Wahrhaftigen (*ashavan*) ein Wohlgeruch an, wie sie ihn noch nie wahrnahm. Zugleich erscheint ihr ein junges, schönes, „hochbusiges" Mädchen. Die Seele des Wahrhaftigen frägt sie, wer sie sei und warum so schön. Ihre Antwort lautet: Sie sei seine *daēnā*; durch sein (des Wahrhaftigen) gutes Denken, gutes Reden, gutes Handeln sei sie so schön geworden. Sein gutes Denken, Reden, Handeln gewissermaßen als Stufen nach oben benutzend, führt sie seine Seele „in die anfangslosen Lichter" (in die himmlische Welt). Auf *Ahura Mazdāhs* Geheiß hin wird ihr „Frühlingsbutter" gereicht (besonders würzige Butter, sozusagen eine „Vitalitätsbombe": Unsterblichkeitsspeise). Derselbe Lohn, und das sagt *Ahura Mazdāh* ausdrücklich, wird der Seele einer wahrheitsliebenden Frau. Der Seele eines Lügenhaften (*drugvant*) weht ein fürchterlicher Gestank entgegen, und mit ihm erscheint eine garstige *daēnā*, Resultat seiner bösen Gedanken, Worte, Taten. Der Weg führt sie abwärts „in die anfangslosen Finsternisse", wo *Angra Mainyu* sie stinkendes Gift trinken lässt.

Derselbe Lohn wiederum wird einem unredlichen Weibe. Die *daēnā* werden wir als eine Art anderweltliche Außenseele zu betrachten haben, deren „Erscheinungsbild" (*daēnā* bedeutet wohl: „Anschauung", Erscheinung) der jeweiligen moralischen Qualität „ihres" Menschen genau entspricht (eine verwandte Motivik in Oscar Wildes *Bildnis des Dorian Gray*). Der Text stellt nicht nur den historisch frühesten Beleg für eine adäquate Vergeltung im Jenseits „ohne Wenn und Aber" (nach ausschließlich moralischen Kriterien) dar, sondern auch für die religiöse Gleichberechtigung der Frau. Neben einem individuellen Gericht über die Seele des Verstorbenen enthält Zarathushtras Botschaft ein zukünftiges *allgemeines* Gericht (über die Lebenden?) in Form eines Ordals durch geschmolzenes Metall. Hier dachte die Theologie zoroastrischer Gemeinden im Sinne des Stifters weiter: Wenn dieses Gericht wirklich den endgültigen Sieg *Ahura Mazdāhs* über *Angra Mainyu*, des Guten über das Böse, des Lebens über das Nichtleben bringen soll, dann muss es auch den Sieg des Todes über die sterblichen Leiber rückgängig machen. Dann wird die künftige Existenzweise der Freigesprochenen nicht nur geistig, sondern leiblich-geistig sein. Schon bald nach Zarathushtra taucht in den Texten die Vorstellung einer leiblichen Auferstehung der Verstorbenen auf (das entsprechende Verb lautet *paiti us.hishtā-*: wieder auf„stehen"). Anknüpfen konnte dieser Auferstehungsglaube an den in Zentral- und Nordasien und bei indogermanischen Völkern verbreiteten Glauben an die Möglichkeit einer übernatürlichen (göttlichen) Wiederbelebung der toten Leiber von Mensch und Tier, einer Wiedervereinigung von Leib und Seele – unter der einen Voraussetzung, dass die Knochen (*ast*) vollzählig und intakt erhalten sind (dazu die Grimmschen Märchen *Von dem Machandelboom* und *Bruder Lustig*). Auch vor der letzten Konsequenz scheuten zoroastrische Theologen nicht zurück: Soll *Ahura Mazdāhs* Triumph über den Tod vollständig sein, dann kann sein zukünftiges und endgültiges Gericht über die Auferstandenen (und eventuell dann noch Lebenden) nicht den Tod der Bösen wollen, nur die Vernichtung alles Bösen an ihnen; und das geschieht eben durch ein läuterndes Gerichtsordal, bei dem alle geschmolzenes Metall durchschreiten müssen. Die Guten werden es wie lauwarme Milch empfinden, die Schlechten wie sengendes Feuer: Es wird alles Böse von ihnen wegbrennen, „sie selbst aber werden gerettet werden" – „doch so, wie durch Feuer hindurch" (vgl. 1 Kor 3, 15, wo sich Paulus offensichtlich an zoroastrische Vorstellungen anlehnt!). Was passiert im Jenseits mit den Seelen derjenigen Menschen, deren gute und schlechte Taten im Leben sich die Waage hielten? Gestützt auf Andeutungen Zarathushtras ist für diese „Gemischten" bis zum Tag der allgemeinen Totenauferstehung eine „neutrale" Sonderexistenz vorgesehen (im Limbus *hammistagān*). Und so hat denn der Zoroastrismus jenes „eschatologische Szenar" und jenen „eschatologischen Fahrplan" „vorgedacht", die mit Variationen im Judentum, im Christentum, im Islam zum eschatologischen „Besitzstand" geworden sind: individuelles Gericht über die Seele nach Tod und Trennung vom Körper, paradiesischer oder infernalischer (oder „limbischer" bzw. „purgatorischer") Zwischenzustand (*individuelle Eschatologie*); allgemeine Totenauferstehung am Ende der Zeit durch Wiedervereinigung der Seelen mit ihrem leiblichen Substrat

zu neuen geist-leiblichen Gesamtpersönlichkeiten, End-
gericht über die Auferstandenen (und die dann noch Lebenden), Freispruch und ewiges Leben für die Guten, Verurtei-
lung zu ewigem Tod (zweiter Tod) für die Schlechten (oder
endliche Rettung aller: Apokatastasis – „Allversöhnung")
(*kollektive Eschatologie*).

VIII.
Krieg und Frieden

1.

Man würde meinen, die Religion sei eine Freundin des Friedens. Aber schon ein Blick auf die „großen Religionen" lehrt, dass die Freundschaft so eng nicht ist. Altes Testament und Koran schreiben unter bestimmten Umständen sogar „Heilige Kriege" vor. Das Christentum, die „Religion der Liebe", sowie Hinduismus und Buddhismus, Religionen der Gewaltlosigkeit und des Mitleids mit allen Geschöpfen, haben Kriege nicht verhindert. Am besten kämen wohl noch Manichäismus und Katharismus (s. o. V, 8) weg – aber die sind (gerade deswegen!) ausgestorben. Am geratensten scheint es, wir lassen die „moralinhaltige" Sichtweise auf die Religion fahren und fragen nach Mechanismen und Systemen, die Frieden stiften und erhalten, und nach Ritualen, mit denen Religionen Kriegshandlungen beginnen, begleiten, beenden.[25]

---

[25] Zum Folgenden vgl. Hasenfratz, Hans-Peter: Krieg und Frieden in archaischen Gemeinschaften, in: Stolz, Fritz (Hg.): Religion zu Krieg und Frieden, Zürich 1986, 13–29; Hasenfratz, Hans-Peter: Krieg und Frieden bei den alten Germanen, in: Binder, Gerhard/Effe, Bernd (Hg.): Krieg und Frieden im Altertum (BAC 1), Trier 1989, 204–218. Vgl. auch die anderen Beiträge in den beiden Sammelbänden.

2.

„Friede" ist der Zustand gegenseitiger Liebe (schweizerdt. *frī*: lieb; vgl. „freien": lieben). Wo herrscht dieser Zustand? Unter Verwandten („Freund" meint ursprünglich: Verwandter) und „Frei"geborenen einer „Sippe" (das, was „sich zugehört"; s. o. V, 4). Also: *Friede* ist der Zustand gegenseitiger *Freundschaft* (Liebe!) innerhalb der *Sippe Freibürtiger*, zu der die Blutsverwandten (und Verschwägerten; vgl. V, 2) – aber nicht die Un-Freien – im Sippenverband rechnen. Traditionelle Gesellschaften fallen in der Regel mit Blutsverwandtschaftsverbänden (Sippen) zusammen. Alles, was außerhalb dieses „Sippenfriedens" steht, ist *Feind* (natürlich auch der Unfreie, der von seiner Herrschaft und deren Verwandtschaft bußlos erschlagen werden kann, wenn es ihr beliebt). Gegenüber dem *Fremden* (ahd. *Gast* hat wie lat. *hostis* die Grundbedeutung: Fremder, Feind) sind die Regeln sozialen Verkehrs, wie sie innerhalb der eigenen Gruppe feststehen (Sympathie, Reziprozität), außer Kraft; er darf nicht auf „Treu und Glauben" ihm gegenüber zählen – es wäre sein Tod. Odin, der nordgermanische Kriegsgott, ist als solcher bezeichnenderweise zugleich Gott des Eidbruchs. Bei den Sawi auf West-Irian galt es bis vor kurzem als besondere Heldentat, einen Angehörigen einer fremden Gruppe durch besondere Freundlichkeiten arglos und zutraulich zu machen, um dann plötzlich über ihn herzufallen und ihn zu verspeisen. Man nannte diese List „jemanden durch Freundschaft mästen" (*tuwi asonai man*); und sogar exogam Verwandte (s. o.) sind anscheinend von dieser „Mast" durch List nicht verschont gewesen.

3.

Es ist allerdings möglich, auch Fremde in den Frieden der traditionellen Gesellschaft einzubeziehen, indem man Systeme sozialer Bindung, die die Gemeinschaft konstituieren, auf Außenstehende überträgt. Dadurch erweitert sich der Bereich gemeinschaftlichen Lebens: die Grenzen zwischen Innen und Außen, Welt und Unwelt, verschieben sich. Besonders erwähnenswert wären in diesem Zusammenhang (s. o. V, 4) folgende *Außenbindungen durch Systemübertragung*: Ziehkindschaft, Gastfreundschaft, Gabentausch, Waffenbrüderschaft. Ziehkindschaft ist die Übertragung der „biotischen" Eltern-Kind-Beziehung nach außen. Bei den Sawi auf West-Irian (s. o. 2) ist sie (wenn wir von der nicht unproblematischen Außenbindung durch Exogamie absehen) die einzige Möglichkeit, Außenstehende und ihre Gruppe in ein gemeinschaftliches Friedensverhältnis einzubeziehen. Sie funktioniert so, dass eine Familie der einen Gruppe ihr Kind einer Familie der andern Gruppe zum Aufziehen übergibt (und von ihr eines zum Aufziehen empfängt), was alle Mitglieder der beiden Gruppen zusammenbindet, solange das „Friedenskind" (*tarop tim*) bei den (jeweiligen) Zieheltern lebt. (Man vergleiche damit den Vorschlag von Exponenten der „dissidenten" Friedensbewegung in der ehemaligen Sowjetunion: ein Schüleraustausch zwischen den beiden Supermächten könnte das Kriegsrisiko verringern, wenn gerade auch Kinder von hochgestellten Funktionären beider Seiten für eine gewisse Zeit in Familien des andern Landes untergebracht wären!) Der Übergang des eigenen Kindes in die fremde Familie erheischt ein Übergangsritual, das magisch Neugeburt und Brutpflege imitiert (s. o. VI, 2).

Gastfreundschaft ist die Übertragung der „abiotischen" gruppeninternen Freund-Freund-Beziehung nach außen. Sie funktioniert so, dass ein Fremder als Gast (s. o. 2) für eine gewisse Zeit bei einem Familienverband einer Gemeinschaft Schutz (Frieden, Freundschaft) genießt. Oft gebrauchten Gastfreunde eine Kennmarke (lat. *tessera hospitalis*), damit sie und vor allem ihre Nachkommen sich auch nach langer Zeit wiedererkennen konnten. Bei den Griechen hieß sie *sym-bolon* (zu *sym-ballō*: zusammenfügen): es war ein Gegenstand, den die beiden Stifter der Gastfreundschaft entzweibrachen und wovon jeder eine Hälfte (die beim Zusammenfügen zur andern passte) zum Vorweisen behielt und vererbte. Damit war aus der Gastfreundschaft ein (vererbliches) Gastrecht geworden.

Gabentausch ist die Übertragung der Reziprozitätsbeziehung innerhalb der Gruppe (s. o. V, 2) nach außen. Sie funktioniert so, dass Angehörige verschiedener Gruppen Geschenke wechseln. Ein Geschenk erhält „Seele" von dem, der gibt (s. o. VII, 4), wechselseitige Geschenke binden deshalb Geber und Nehmer aneinander.

Waffenbrüderschaft ist schließlich die Übertragung des sog. „nepotistischen" oder „reziproken Altruismus", den Träger gemeinsamer Gene (Verwandtschaft, Dorfgemeinschaft) zur „Fitnessmaximierung" (zum gemeinsamen Überleben) entwickeln, auf Außenstehende und konstituiert „soziale Verwandtschaft" (wie wir sie etwa in sippenübergreifenden Männerbünden registrierten; s. o. V, 4). Die Ausdehnung des familistisch engen Sippenfriedens durch solche und ähnliche

Systeme und Mechanismen sozialer Außenbindung führt allerdings in ein doppeltes Paradox. Sie ermöglicht einerseits das Entstehen politischer Gebilde von beachtlicher Stabilität: Der vom legendären Hiawatha begründete Irokesenbund hielt den „Großen Frieden" immerhin 300 Jahre lang aufrecht. Sie ermöglicht andrerseits Kriegführung „auf höherem Level" mit erweitertem Aktionsradius und größerer Brisanz: Der gleiche Irokesenbund hat zur vollständigen Ausrottung der Huronen geführt. Völkerbünde und Völker übergreifende Kriege, „Globalisierung" und „clash of civilizations" scheinen zusammenzugehören!

4.

Religion ist nicht prinzipiell Stifterin von Frieden. Frieden stiftend und erhaltend – wenn überhaupt – sind die genannten Systeme und Mechanismen sozialer Binnenbindung und ihre Übertragung nach außen. Aber Religion begleitet mit ihren Riten Beginn, Durchführung und Beendigung kriegerischer Handlungen.

Der *Beginn* und die *Beendigung* kriegerischer Handlungen sind Zustände des Übergangs, Grenzsituationen, die besondere Übergangsriten erfordern. Im ersten Fall (Beginn) ist das Heer im Begriff, den heimatlichen Bezirk gemeinschaftlichen Lebens zu verlassen und die Grenzen zur unheimlichen Zone des Nichtlebens draußen, zum feindlichen Umland und Unland (vgl. o. V, 2) zu überschreiten. Im Alten Rom wurden zu Beginn des Frühjahrs und damit der Kriegszüge zu Ehren des Kriegsgottes Mars Pferderennen abgehalten – ein „Bewegungsritual", das die Kraft der Tiere entfalten und steigern soll. Gleichzeitig wurde die Truppe

„lustriert" (magisch gereinigt und vitalisiert), indem man Opfertiere dreimal rechtswendig (also in Lebensrichtung) um die versammelte Mannschaft herumführte. Beide Zeremonien fanden außerhalb der Mauern statt: Pferde und Mannschaften sollten dadurch ja für den kriegerischen Aufenthalt draußen eine Zufuhr von „force vitale" erhalten (Abhaltung innerhalb der Stadtmauern hätte den Krieg magisch in die Stadt hineingezogen). Der Kriegstanz eines besonderen Kollegiums, der Salier („Springer"), nahm durch Imitation des Kriegslärms (Zusammenschlagen der Schilde) und der Kampfbewegungen den Kriegserfolg magisch vorweg und führte der ausrückenden Truppe Kraft zu.

Den Begehungen zu Beginn des Feldzuges entsprachen im Prinzip diejenigen bei der Rückkehr der Krieger im Herbst. Durch den Aufenthalt draußen und durch „Feindberührung" ist die Truppe von den lebensfeindlichen Kräften des Unlandes infiziert und geschwächt und muss gereinigt und vitalisiert werden, bevor sie den Bezirk gemeinschaftlichen Lebens wieder betreten darf (das geschieht wiederum durch Lustration, Pferderennen, Kriegstanz). Die Stellung der Gemeinschaft zu einem der ihren, der aus Kriegsgefangenschaft im Feindesland nach Hause zurückkehrt, ist zwiespältig. Er hat ja längere oder kürzere Zeit im feindlichen Unland zugebracht und ist mit dessen negativen Kräften behaftet (vgl. VI, 8). Wahrscheinlich durfte er in Rom – als fälschlicherweise Totgesagter – beim (ersten) Wiedereintritt in sein Haus die Schwelle nicht betreten, sondern musste über das (eigens geöffnete und hinter ihm wieder verschlossene) Dach einsteigen, wodurch er (ähnlich dem bräutlichen Eintrittsritual; s. o. VI, 2) als Hauskind „neu geboren" wird.

Die Repressalien, denen russische Heimkehrer aus deut-
scher Gefangenschaft nach dem Zweiten Weltkrieg in ihrer
Heimat ausgesetzt waren, dokumentieren noch für die
neueste Zeit das Misstrauen gegenüber „Aufenthaltern" in
Feindesland und Feindeshand.

Geht der Eröffnung kriegerischer Handlungen eine for-
melle Kriegserklärung voraus, dann sind ebenfalls magische Vorkehrungen am Platz: Wer Krieg signalisiert, muss
sich ja ein Stück weit ins feindliche Territorium (oder bis
zumindest an seine Grenzen) vorwagen, damit seine Ab-
sicht richtig erkannt wird. Im Alten Rom begibt sich ein
(auf Kriegserklärungen und Friedensschlüsse spezialisier-
tes) Viererkollegium außerhalb des Schutzes der Stadtmauern und schleudert eine blutige (Holz-)Lanze ins feindliche Gebiet, womit die Feindseligkeiten (magisch) eröffnet
sind. Einer der vier trägt dabei ein Büschel Kraut (die *ver-
bena*) aus der Stadt mit sich, an dem noch heimatliche Erde
klebt: heimisches Kraut mit heimischer Erde sollen die
dämonischen Einflüsse des feindlichen Bodens „neutralisie-
ren". Nordamerikanische Indianer können sich diese magischen Sicherungsmaßnahmen sparen: zur Kriegserklärung
schicken sie einen Sklaven (vgl. o. 2) ins feindliche Gebiet,
der dem zu befehdenden Stamm eine an ihrem Stiel rot
bemalte Axt (Rot ersetzt magisch Blut) überbringt; kehrt
er nicht zurück, ist es kein Schade, seinen Auftrag hat er
erfüllt. Bei denselben Indianern vollzieht sich das Ritual des
Friedensschlusses so, dass beide Parteien gemeinsam das
Calumet (Friedenspfeife) rauchen. Vor dem gemeinsamen
Rauchen hält ein „Zelebrant" die Pfeife waagrecht gegen
den Himmel, dann gegen die Erde, dann dreht er sich mit

ihr im Kreise, die Numina des Himmels, der Erde und der Luft zu Zeugen und Schützern der bevorstehenden Veranstaltung ladend.

Magisch-religiöses Handeln eröffnet nicht nur und schließt nicht nur den Krieg, es begleitet die *eigentliche Kriegshandlung* und trachtet sie zu beeinflussen. Durch eine sog. Evokationsformel versuchte im Alten Rom der Feldherr eine belagerte Stadt „sturmreif zu beten", so dass sie leicht genommen werden konnte. In einem Gebet, dessen Wortlaut genau festgelegt und peinlich einzuhalten war (*certis precationibus*), rief er die Schutzgottheiten der belagerten Stadt auf, erbat von ihnen, ihre Stadt zu verlassen und dieser und deren Volk „Furcht, Schrecken und Vergessen" einzuflößen und, so von diesen „verraten" (*proditi*!), nach Rom zu ziehen, welche Stadt ihnen „angenehmer und wohlgefälliger" sein möge; er bat sie, dass sie dem Feldherrn, dem römischen Volk und seinen Soldaten „günstig" seien, und gelobte ihnen im Fall überprüfbaren Erfolgs Tempel und Spiele. Scipio soll vor dem Sturm auf Karthago diese *evocatio* (Herausrufung der Götter) angewandt haben. Ein letztes Mittel, eine drohende Niederlage in der Schlacht abzuwenden, stand dem römischen Feldherrn in der sog. Devotionsformel zur Verfügung. Unter Anrufung der ober- und unterirdischen Gottheiten, darunter des Mars, weihte er sich (für das römische Volk) zusammen mit dem feindlichen Heer der Göttin Erde und den Geistern der Toten (*Deis Manibus*). Das bedeutet: er verknüpfte den von ihm feierlich gelobten und absichtlich gesuchten Tod in der Schlacht magisch mit dem gewünschten Untergang des feindlichen Heeres (so gewiss er sich dem sichern Tod weihe, so gewiss sei der Untergang der gegnerischen Streitmacht). Publius Decius Mus unterzog sich dieser *devotio* (Selbstverflu-chung) in der Schlacht am Vesuv (340 v. Chr.) im Ersten Samnitisch-Latinischen Krieg – mit Erfolg.

Der *Umgang mit dem Feind* zielt auf dessen Exterminie-rung (gänzliche Ausschaltung). Tötung des Kriegsgefange-nen ist durchaus üblich – wenn man ihn nicht versklavt. Und oft ist diese Tötung mit Folterung verbunden. Foltern (altisl. *pína*) soll die Lebenskraft des Feindes vor seinem Tod derart reduzieren, dass er nach seinem Tod nicht als Wiedergänger weiter Schaden stiften kann; denn es herrscht die Vorstellung, dass ein schneller oder schmerzloser Tod im Toten noch so viel Energie zurücklasse, dass er als „le-bender Leichnam" die Lebenden zu schädigen imstande sei (vgl. VI, 5; VII, 3 und 4). Eine besonders grausame Tortur praktizierten die Wikinger an gefangenen Feinden und nann-ten das „den Blutaar ritzen": dem lebenden „Opfer" wird der Rücken aufgeschlitzt, die Rippen werden vom Rückgrat abgetrennt und nach vorn gebogen und die Lungenflügel so herausgezogen, dass sie auf dem Rücken des Gemarterten eine Art Flügelpaar bilden, den gemarterten Menschen gleichsam in einen Vogel, einen „blutigen Adler" (Vogel des Kriegsgottes Odin), verwandeln. Statt Tötung und Folterung kommt auch Verunglimpfung und Schändung des kriegsge-fangenen Feindes vor: päderastischer Missbrauch des wehr-losen Gegners soll als „Rangdemonstration" dessen „Unter-legenheit" und damit dessen Un-Wert markieren. Da der im Kampf gefallene Feind zum Wiedergänger werden und sich rächen kann (s. o.), richten sich die kriegerischen Aktionen auch gegen den toten Feind. Auf diesem Hintergrund ist die

Schändung und Verstümmelung des toten Gegners in den homerischen Gedichten zu sehen: Spoliierung (Rauben der Rüstung zur Entehrung und Entmächtigung des Toten); Abhacken der Arme, des Kopfes, Nachschleifen des Toten hinter dem Kriegswagen bis zur völligen Unkenntlichkeit (zur Immobilisierung des Toten); Zerstückelung und Vernichtung durch Tierfraß (zur totalen Annihilation des Toten). Bei vielen Völkern des heutigen Indonesien ist der Brauch bekannt, dem Feind den Kopf abzujagen (Kopfjagd). Der erbeutete Kopf des Gegners setzt den Kopfjäger in den Besitz der gegnerischen Kräfte (s. o. I, 2) und beschert andrerseits dem „Geschnellten" (*gesnelde* – so der Ausdruck der niederländischen Kolonisatoren) ein erbärmliches nachtodliches Los: Er muss mit schmerzender Todeswunde ohne Kopf umherwandern. Ähnlich motiviert ist das Skalpieren des (toten) Gegners (bei den nordamerikanischen Indianern, bei den Ugren im Ob-Gebiet; vgl. o. VI, 2: Zopfseele). Wer das Blut des toten Feindes trinkt, entzieht ihm Lebenskraft und führt sie sich selber zu. Und wer schließlich den toten Gegner verzehrt (Feindkannibalismus), trifft gleichsam zwei Fliegen mit einer Klappe: Er verleibt sich dessen Kampfkraft ein und verhindert dessen Wiedergängerei, indem er ihn total annihiliert (vgl. o. VII, 4 und III, 5). Dieses Schicksal (Tod durch Feindkannibalismus) ist dem berühmten Weltumsegler James Cook 1779 auf Hawaii widerfahren.

5.

Trotz und vielleicht gerade wegen ihrer realistischen „Nähe" zum Krieg hat die Religion „*Friedensszenarien*" entwickelt, die sie allerdings in die Zukunft, ins Jenseits, in eine mythische Vergangenheit oder in eine geographisch entrückte Ferne verlegt.[26] Man denke an das kommende Friedensreich Jes 2 und 11: Schwerter werden zu Pflugscharen umgeschmiedet, Spieße zu Rebmessern; den Armen wird Recht gesprochen, Wolf und Lamm werden Gastfreunde, Kalb und Jungleu weiden zusammen, der Säugling wird am Loch der Otter spielen und ungefährdet das Kleinkind seine Händchen nach der Höhle der Natter ausstrecken können. Man denke an das Neue Jerusalem Apk 21, wenn endlich Gott alle Tränen von den Augen der Menschen abwischen wird, wenn weder Tod noch Leid noch Geschrei noch Schmerz mehr ist – noch (zum Leidwesen aller bräunungswütigen Badefans!) das Meer als „mythische Chiffre" und Inbegriff des Chaos (vgl. o.V, 2) schlechthin. Man denke an den endzeitlichen *imām mahdī* (wörtlich: den rechtgeleiteten Vorsteher) aus der Familie *Muḥammads*, der die Erde mit Gerechtigkeit und Rechtschaffenheit erfüllen wird, so wie sie mit Unrecht und Bedrückung erfüllt war. Man denke an das islamische Paradies (*jannat*: Garten), in dem kein (leeres) Wort außer „Friede" (*salām*) vernommen wird (Sure 19, 62) und welches „das große Glück" (9, 72) *per se* ist. Sogar die düstere „Weissagung der Seherin" (*Völuspa*; s.o. V, 4) orakelt in ihren Schlussstrophen von einer neuen Erde, auf der „ungesät die Äcker wachsen" werden und alles Unheil besser werden und „der Mächtige" (*inn ríki*) –

---

[26] Zum Folgenden, besonders zum Jenseits- und Inselmotiv und zum Goldenen Zeitalter, vgl. Lanczkowski, Günter: Die Inseln der Seligen und verwandte Vorstellungen (EHS.Theologie 261), Frankfurt a.M. 1986.

wer immer das sein mag – „zur Herrschaft (*at regindómi*) kommen" soll (Str. 62 und 65).

Ein in Indien, im Iran, in Griechenland und Rom bekannter Mythos (der vom Iran aus auch ins biblische Buch Daniel wanderte) weiß von einem vergangenen Goldenen Zeitalter. In ihm herrschte (ohne Gesetze und Strafen) Frieden zwischen den Menschen, Frieden zwischen Mensch und Natur. Von selbst spendete die Erde alles, was der Mensch brauchte, ohne dass er sie mit Karst und Pflugschar schändete: „Vergewaltigung" von Mutter Erde durch instrumentelle Bodenbearbeitung galt in vielen Gartenbaukulturen als *die* Ursünde (Gen 1, 28 „entmythologisiert": „Vergewaltigen" [*kābash*] der Erde gehört zum Schöpfungsauftrag Gottes an den Menschen!). Freiwillig boten die Tiere ihre Euter dem Durstigen. Ohne Besitzgier (*amor habendi*) lebten die Menschen sorglos dahin in ewigem Frühling. Dieses Goldene Zeitalter verschlechterte sich zum Silbernen, Ehernen, dann Eisernen – dem unsrigen, heutigen mit Krieg und Zwist zwischen Mensch und Mensch und Ausbeutung von Mensch und Natur. Augustus sah und inszenierte sich als Wiederhersteller des Goldenen Zeitalters des Friedens; und er hat dem Spötter Ovid nie verziehen, der die Augusteische Ära im ersten Buch seiner *Metamorphosen* ausdrücklich dem übelsten Zeitalter, dem Eisernen, zuzählte (der Dichter büßte dafür mit lebenslänglicher Verbannung ans Schwarze Meer).

Die Hoffnung auf eine neue goldene Epoche des Friedens verbindet sich mit dem Mythologem einer jenseitigen „Insel der Seligen" (s. o. VII, 7) und richtet sich dann auf ein Eiland, mitten im Weltozean jenseits der Säulen des

Herkules (Meerenge von Gibraltar) gelegen, in dem die Zustände des „Goldenen Zeitalters" herrschen (Friede, para-
diesische Natur, ewiger Frühling usw.) und wohin nur (aus-
erwählten) „Frommen" Rettung vor den Wirren ihrer Zeit
und Welt beschieden ist (Horaz, 16. Epode). Fast alle spä-
teren literarischen „Utopien" sind insular lokalisiert: die
Utopia des Thomas Morus, Tommaso Campanellas *Sonnen-
staat*, Francis Bacons *Nova Atlantis* – bis hin zu Aldous
Huxleys utopischem Roman *Eiland*.

Zweifellos haben all diese religiösen Friedensszenarien
immer wieder Frieden stiftende Kräfte entfaltet. Aber ebenso oft haben sie Krieg und Terror entfesselt, wenn Menschen
Friedensutopien mit Gewalt erzwingen wollten oder wenn
sie gewaltsame Aktionen durch religiöse Friedensverhei-
ßungen sanktioniert glaubten (wenn etwa Selbstmordatten-
tate, die auch Unschuldige treffen, als Martyrien gedeutet
werden, denen unmittelbar das Paradies winkt: Sure 47, 4ff;
vgl. o. I, 1). Hinzuweisen ist aber auch auf die „apokalypti-
schen" Schlachtengemälde, die uns Religionen vormalen,
wenn sie den endgültigen Sieg des Guten über das Böse in
drastischer Szenerie vorführen (zum „Großen Krieg" bei
den Germanen und im Zoroastrismus s. o. V, 4 und 7; für das
Frühjudentum stehe die sog. „Kriegsrolle" von Qumran, für
das Christentum etwa Apk 20, 7ff). Auch sie bieten (und
boten) religiösen Eiferern Handlungsmuster für einen „ulti-
mativen" Kampf des vermeintlich Guten gegen das „Reich
des Bösen" schon in dieser Zeit und Welt. Und so bleibt die
„Stellung der Religion zu Krieg und Frieden" merkwürdig
zwiespältig.

IX.
Religion und Wirtschaft

1.

Fasst man *Wirtschaft* als ein System menschlicher Handlungen, Beziehungen, Techniken und Institutionen zur Re-
produktion des menschlichen Individuums und Erhaltung
der Art, so ergeben sich Berührungen mit *Religion*.[27] Beide
Systeme, Religion und Wirtschaft, intendieren Kontigenz-
bewältigung (Absicherungen gegen die Zufälle des Lebens),
biologisches Überleben und soziales Zusammenleben (vgl.
o. I, 1). Wenig hilfreich für das Folgende scheint es, den
einen Bereich als „abhängige" (Karl Marx) oder „unabhän-
gige Variable" (Max Weber) auf den andern beziehen zu
wollen.

Zu beachten ist in diesem Zusammenhang, dass *Lebens-
sinngebung* keine „primäre" Funktion von Religion darstellt. „Wenn man mit Naturvölkern zusammenlebt", so der
Ethnologe Thiel[28], „gewinnt man den Eindruck, dass Religion mehr die Aufgabe hat, die materielle Existenz abzusichern als dem Leben einen Sinn zu geben. Der Lebenssinn
wird nämlich weitgehend von der Gesellschaft, in der man
lebt, bestimmt." Wenn sich das Individuum zur Gruppe solidarisch verhält (vgl. o. V, 2), „hat das Leben immer den von

---

[27] Zum Folgenden vgl. Hasenfratz: Religionen und Wirtschaft (Anm. 1).
[28] Thiel, Josef Franz: Religionsethnologie (Collectanea Instituti Anthro-
pos 33), Berlin 1984, 42 f.

der Gemeinschaft vorgezeichneten Sinn". Primäres religiöses Verhalten ist auch nicht auf „die höhere Ehre Gottes" aus, sondern orientiert sich am Grundsatz des *„do ut des"*, letztlich nach einem ökonomischen Prinzip (vgl. o. III, 1). So opferten beispielsweise die Alten Iranier zur Zeit des Übergangs von der Steinzeit zum Metallikum einem göttlichen Wesen „Stierseele" (*Gāush Urvan*): Während das Fleisch des Opferrindes von den Kultteilnehmern verzehrt wird, steigt seine Seele in den Himmel und wird in die göttliche Stierseele absorbiert, die, dadurch gestärkt, ihrerseits für Bestand und Fruchtbarkeit der Gattung Rind auf Erden sorgt. Hilft bei den Bayansi in Zaire ein Ahn, obgleich ihm *rite* geopfert wird, nicht in gewünschter Weise, wird er von den Nachkommen beschimpft; man beopfert ihn nur noch widerwillig (damit er wenigstens keinen Schaden anrichtet), bald beopfert man ihn nicht mehr und vergisst ihn (was für ihn den ewigen Tod bedeutet; s. o. VI, 3). Das Opfer ist ein *deal* mit der Anderwelt (einer übermenschlichen Mächtigkeit) zwecks *Existenzsicherung*. Dass Religionen über die Funktion purer Existenzsicherung hinaus auch Sinnlieferanten werden können, bedeutet einen Luxus, den sich der Mensch erst leistet, wenn seine Existenz durch die Wirtschaft (bis zu einem gewissen Grad) abgesichert ist. Die Heere moderner Sinnsucherinnen und Sinnsucher, die unsere „globalisierte" Welt auf der Jagd nach Lebenssinn „umjetten", sind geradezu Indikatoren für eine (westliche!) Überschussgesellschaft.

Religionen und Wirtschaft, wie immer sie sich zueinander verhalten, wandeln sich im Verlauf der Zeit, aber nicht immer gleich schnell. Wo sich religiöse Systeme konservati-

ver zeigen (und natürlich nur dann), können sich religiöse
Systemelemente bei gewandeltem Wirtschaftssystem dys-
funktional verhalten. Solche *survivals* werden dann mit-
geschleppt und bedeutungslos: etwa die Mahnung an christliche Sklaven, ihren „leiblichen Herren" „mit Furcht und
Zittern" „gehorsam zu sein" (Eph 6, 5). Oder aber sie werden neu interpretiert: etwa von liberalen Muslimen der
Heilige Krieg als wirtschaftliche „Anstrengung" (*jihād*) zur
Bekämpfung von Unterentwicklung, Armut, Hunger und
zur Erreichung westlicher Standards. Oder sie werden durch
Umgehungstechniken faktisch außer Kraft gesetzt: so wurde das jüdisch-christliche (Dtn 23, 19) und wird das muslimische (Sure 3, 130) Zinsverbot durch Rentenkauf oder
Scheingeschäft „ausgetrickst" (statt gegen Zins auszuleihen
kaufte sich der Gläubiger mit der Darlehenssumme vom
Schuldner eine Rente; oder er kauft ihm gegen die Darlehenssumme einen symbolischen Kaufgegenstand ab, den
der Schuldner mit Aufpreis gleich wieder zurückkauft und
die Rückkaufssumme später oder ratenweise erlegt). Im
Folgenden sollen an bestimmten „Gesellschaftsformationen",
einer Stiftergestalt und ausgewählten Phänomenen Beziehungen beschrieben werden, wie sie sich zwischen Religionen und Wirtschaft zeigen, wobei diesbezügliche Theorie-
bildungen möglichst „außen vor" bleiben.

2.

Die „Weltanschauung" *traditioneller Gesellschaften* „schöpft
aus dem Basiskonzept eines dualen Zwei-Sphären-Systems"
(s. o. V, 2), wonach Welt, Mitte, Kosmosbereich die eigene
Gruppe und der von ihr besiedelte Raum ist. Um diese kos-

mische Mitte lagert und dräut Unwelt, Chaosbereich. Die Bewohner dieses Außenbereichs gelten nicht als Menschen: sie sprechen keine „menschliche" (verständliche) Sprache, ihre Sitten und Gebräuche sind „fremd" und verdreht. Kontakt mit ihnen wirkt kontaminierend und bringt in tödliche Berührung mit den exosphärischen Kräften des Akosmischen. Traditionelle Gesellschaften sind deshalb Selbstversorger. Beziehungen, auch die ökonomischen, unter den Gruppenmitgliedern unterliegen Regelungen, die durch die Überlieferung strikte vorgegeben sind und sich auf eine mythische Gründergestalt zurückführen. Diese hat den Kult der Gruppe, ihre sozialen Institutionen und ihre ökonomische „Produktionsweise" eingerichtet, die das Zusammenleben der Gruppe ermöglichten und allein ermöglichen. Abweichungen von der bewährten Tradition bedeutete konsequenterweise Selbstaufgabe, Selbstmord. Gefährdungen der eigenen ökonomischen Basis, etwa durch Übernutzung (des Wildbestandes, des Bodens, der Herden), ziehen empfindliche religiöse Sanktionen nach sich: wer z. B. zur Unzeit oder über den eigenen Bedarf hinaus jagt, verfällt der Strafe des „Herrn der Tiere" oder des „Berggeistes" (vgl. auch Ex 20, 10; Lev 25, 1ff: Sabbatruhe für Vieh und Feld). In traditionellen Gesellschaften sind eigentlich alle *gleich* arm. Besitzunterschiede zwischen den Mitgliedern werden durch institutionellen Besitzausgleich nivelliert: durch kollektive Beuteverteilung (tungusisch *nimat*) oder durch periodische Verschwendungsfeste (bei den Nordwest-Indianern *Potlatch* genannt) oft im Zusammenhang mit dem Totenkult (das Erbe des Toten wird an die Gemeinschaft verschenkt und geht nicht an die nächsten Angehörigen) (vgl. auch Lev

25, 8 ff: Jubeljahr). Wo Güteraustausch mit fremden Gruppen, Angehörigen der unweltlichen Exosphäre, unumgäng-
lich und überlebenswichtig wird, vollzieht er sich streng
reguliert. Entweder in der Form des Depot-Handels, die jede
Berührung der Kontrahenten vermeidet: eine Partei legt ihre
Ware an einem bestimmten Ort nieder und zieht sich dann
zurück, die Gegenpartei holt sich die Ware und deponiert an
deren Stelle ihre Tauschprodukte. Oder indem man Systeme
sozialer Bindung, die die Gemeinschaft konstituieren, durch
„Systemübertragung" auf Gruppenfremde ausdehnt: das Mitglied einer fremden Gruppe wird z. B. durch einen Geburts-
ritus adoptiert, was die beiden Gruppen zu einer Friedens-
ordnung, die auch Güterverkehr ermöglicht, zusammen-
schließt, solange das „Friedenskind" (in der Sawi-Sprache
auf West-Irian: *tarop tim*) bei seiner Adoptivfamilie weilt
(s. o. VIII, 3).

3.

In einer *archaischen Stadt- und Schriftkultur* wie der alt-
ägyptischen mit ihren weit ausgreifenden (Handels-)Kontak-
ten (vgl. o. VIII, 3) erscheint in Abkehr vom traditionellen
Zwei-Sphären-Schema die Bezeichnung für den Angehöri-
gen der eignen Kultur (*remetch*: Mensch) auch auf die
Angehörigen von „Fremdvölkern" angewandt: sie alle sind
„Gottes Vieh" und seine „Ebenbilder" (s. o. II, 5), er hat sie
alle geschaffen und sorgt für sie, obwohl ihre Sprachen,
Eigenschaften, Hautfarben verschieden sind (sog. *Sonnen-
Hymnus des Echnaton*).

4.

Als Beispiel dafür, wie eine *Stifterreligion* Reflex auf konkrete ökonomische Bedingungen einer Gesellschaft sein und wie ihre „neue" religiöse Botschaft diese Bedingungen ihrerseits beeinflussen kann, diene hier der Islam. *Muḥammad* hat einen Teil seiner Kindheit als Halbwaise bei einem Beduinenstamm in der Wüste zugebracht. Diese traditionelle Gesellschaft (s. o. 2) mit dem im Arabischen so bezeichnenden Namen *baṭn* (Mutterleib; kleiner Stamm) und ihrer unbedingten Gruppensolidarität (*'aṣabīya*) scheint beim Kind prägende Eindrücke hinterlassen zu haben. Der Übergang von der nomadisierenden Lebensweise zur Ortsansässigkeit hat sich in *Muḥammads* Umgebung vor seinen Augen abgespielt. Nomadische Beduinen waren als ortskundige Führer der Karawanen von alters her am Fernhandel mitbeteiligt. Wo sie, wie die Quraysh (der Stamm, dem *Muḥammad* zugehörte), den Handel an sich brachten und in eigene Regie nahmen, wurden sie schnell zu mächtigen Großkaufleuten. Der damit verbundene Wechsel zu städtischer Sesshaftigkeit zeitigte gravierende soziale Konsequenzen. Die alte Gruppensolidarität zerfällt; tüchtige Gruppenfremde mit Know-how werden (weniger geeigneten) Gruppenangehörigen vorgezogen; der erwirtschaftete Gewinn kommt nicht mehr (wie unter traditionellen Bedingungen selbstverständlich) den armen Mitgliedern der Gruppe zugute (s. o. 2: Besitzausgleich), sondern wird reinvestiert: Es gibt jetzt wirklich Arme und wirklich Reiche. Nomadischer Clan-Familismus weicht „bürgerlichem" Individualismus und ungebremstem Partikularismus und Egoismus.

Die koranische Botschaft des Propheten und seine „Ge-
meindeordnung von Medina" zielen auf eine neue religiös-
politische (s. o. I, 1) Gemeinschaft, die *umma* (vielleicht zu
arab. *umm*: Mutter), die, nun familien-, stamm-, volks- und
schichtübergreifend, die verlorene Gruppensolidarität wieder herstellen soll. Die kulturell und wirtschaftlich blü-
henden islamischen Gesellschaften des Mittelalters haben
dieses Ideal im Ansatz da realisieren können, wo sie nicht
durch gewaltige und wiederholte Völkerverschiebungen
(turk-mongolische Wanderungen) verwüstet wurden.

5.

Warum konnte gerade und nur in dem von der römischen
Kultur mitgeprägten *christlichen Westen* eine Zivilisation
sich herausbilden, die über das zur Zeit gewaltigste wirtschaftliche Potenzial der Welt verfügt? Um in diesem Fall
das Spezifische der Interaktion zwischen Religion und Wirtschaft würdigen zu können, ist es nötig, auf den (alt-)römi-
schen Religionsbegriff zurückzugreifen. Die Etymologie
des Wortes „*religio*", das dem Phänomen den Namen gege-
ben hat, welches wir am Anfang (I, 1) zu definieren suchten
und dem alle unsere Ausführungen gelten – die Etymologie,
sagten wir, ist ungeklärt. Aber aus dem Zusammenhang, in
dem *religio* in den lateinischen Quellen auftaucht, lässt sich
die ursprüngliche Bedeutung leicht erschließen. Etwas „ist
religio" meint in einer altrömischen Priestervorschrift: etwas
ist *verboten*. Die „schreckliche *religio* eines Ortes" meint
bei Vergil etwa: ein schreckliches *Orts-Tabu* (das diesen Ort
meiden lässt). Eine bestimmte „*religio* aus den Gliedern
herausrufen, -führen, -singen" meint in der Heilmagie: einen

gefährlichen (zu meidenden) Zustand „besprechen": Die Grundbedeutung von *religio* wäre somit etwa: Meidung. Religion ist dem Römer die Haltung, das zu meiden, was den Göttern zusteht. Was steht denn den Göttern zu? Das römische Recht definiert es genau (Digesten 1, 8; Gaius 2, 2–11): es sind die *res sacra, res religiosa, res sancta*, die Dinge, die den oberen und unteren Göttern zustehen und unter ihrem Schutz stehen (nämlich Tempel und Altäre; Gräber; Stadtmauern und Stadttore); sie sind menschlicher Verfügbarkeit entzogen, können niemandes Eigentum sein. *Alle* übrigen Dinge sind *res profana* und können Eigentum von Menschen und Menschengruppen werden und damit absoluter menschlicher Verfügbarkeit (Gebrauch und Missbrauch: *ius utendi et abutendi*) unterliegen.

Damit war faktisch die *gesamte* Welt unbeschränktem menschlichem Zugriff und Handeln preisgegeben. Die Römer haben denn ihre natürlichen Ressourcen (z. B. den mediterranen Wald für den Schiffsbau) hemmungslos ausgeschlachtet; die Hemmungen der Griechen einer von ihnen als göttlich empfundenen Natur gegenüber sind bei den Römern weggefallen. Nur die Geringschätzung der Arbeit – im Unterschied zum Judentum und Christentum (vgl. Gen 3, 17 ff; Ex 20, 9) kennt Rom (auch Griechenland) kein religiös begründetes Arbeitsethos – verhinderte Schlimmeres. Hemmungslose Ausbeutung betraf auch den Menschen. Die Sklavenwirtschaft – durch groteske Arbeitsteilung übrigens oft kontraproduktiv (ein *nomenclator* musste beispielsweise seinem Herrn die Namen der ihm begegnenden Passanten nennen, der *servus a mappis* die Tischwäsche verwahren, der *silentiarius* unter seinen Leidensgenossen für Ruhe und

Ordnung sorgen!) – war dadurch religiös sanktioniert, dass der Sklave sakralrechtlich als Person galt (sein Grab war *res religiosa* wie das jedes Freien!), zivilrechtlich dagegen nur als Instrument (*instrumentum vocale*: stimmbegabtes Werkzeug) seines Eigentümers. Wie die griechische Religion die Nähe zur Gottheit (den *enthousiasmos*: die Gott-Erfülltheit) suchte, so das auf griechischem Kulturboden erwachsene östliche Christentum die Gottesnähe im sakramentalen „Mysterium", in der Mystik und der Beschaulichkeit kontemplativen Lebens (*vita contemplativa*). Reformation, Aufklärung, Säkularisierung, Kapitalismus sind ihm immer Fremdkörper geblieben. Und wie die römische Religion die juristische Abgrenzung zur Gottheit und den profanen Aktionsspielraum ihr gegenüber suchte, so das auf römischem Kulturboden erwachsene westliche Christentum ein juridisch (rechtlich) definiertes Gottesverhältnis („Rechtfertigung", „Gnade"!), aktive Weltgestaltung und -veränderung (*vita activa*), die in letzter Konsequenz auf Reformation, Säkularisierung, Kapitalismus hinauslief.

Strittig gewesen ist dabei immer wieder die Rolle der Reformation bei der Herausbildung einer „kapitalistischen Wirtschaftsgesinnung" als Voraussetzung für das kapitalistische (und neokapitalistische) Wirtschaftssystem. Hier so viel: Der Mensch im späten Mittelalter und in der frühen Neuzeit ist eingebunden in eine „Rundumbetreuung" durch die Kirche als Leiterin der Gläubigen und alleinige Heilsvermittlerin (s. o. IV, 3). Sein ganzes Leben war „programmiert" durch Übergangsriten (Taufe, Firmung, Hochzeit, Funeralien), durch religiöse Pflichtleistungen, Begehungen, Angebote (Messe, Beichte, Buße; Wallfahrten, Prozessionen, Hoch- und Heiligenfeste, Gedenktage; heilige Jahre, Ablässe); zudem entzog die Klerikalisierung und „Verklosterung" der Gesellschaft dem weltlichen Leben einen Großteil der „Intelligentsija" (negative Gen-Selektion). Das alles fiel für die Reformation weg. Zusammen mit der neuen Berufsauffassung (die „Berufung" zu einem geistlichen Leben nach den „evangelischen Räten" – als Kleriker oder Mönch – wird zum weltlichen „Beruf"), mit der Entschränkung des klösterlichen Arbeitsethos *„ora et labora!"* (durch Säkularisation der Klostergemeinschaften), mit der Lockerung des christlichen (s. o. 1) Zinsverbotes (durch faktische Unterscheidung von erlaubtem Zins und unerlaubtem Wucher), mit der gläubigen Heilsgewissheit (in Art. 17 der anglikanischen *39 Artikel* heißt es, die Betrachtung der eigenen Erwähltheit sei „süß, lieblich und voll unaussprechlichen Trostes"!) sind hier gebundene Potenziale freigesetzt worden, die im protestantischen Raum als „Produktivkräfte" in „innerweltliche" Arbeit einfließen konnten – eine der möglichen Vorbedingungen für den werdenden Kapitalismus. Das „idealtypische" Konstrukt von Max Weber, das kapitalistisches Wirtschaften auf eine puritanische (calvinistische) Heils*unsicherheit* zurückführt, die sich aus der Prädestinationslehre (s. o. IV, 3) ergebe, liegt fernab von Zweck und Rahmen unserer Beschreibungen.[29]

6.

Die (westlichen) christlichen Kirchen sind heute der neoliberalen Versuchung und Pression ausgesetzt, sich als ge-

---

[29] Zum Voranstehenden vgl. Hasenfratz: Christentum (Anm. 10), 178 ff.

winnmaximierende Dienstleistungsbetriebe zu „stylen" und ihre „Produkte" nach Grundsätzen des „Marketings" „abzusetzen". Von ihrem Auftrag her haben die christlichen Kirchen aber ihr „Hauptprodukt" (die Frohe Botschaft) auch dann anzubieten, wenn es vom Markt nicht „angenommen" wird oder gar den Gesetzen des Konsums zuwiderläuft. Sie können ihr Produkt auch nicht einfach „vom Markt nehmen", wenn es „nicht geht", und durch ein anderes ersetzen; auch eine „trendige" Neuverpackung ist vom „Produktinhalt" her nur bedingt „drin". Und gewisse kirchliche Dienstleistungen (etwa Seelsorge) fallen gänzlich aus der „Preis-Leistungs-Relation" heraus.

Sollten die Kirchen noch religiöse Bedenken tragen, sich marktkonform zu verhalten, so zeigt die *Marktwirtschaft* umso weniger Hemmungen, sich „*religionskonform*" zu verhalten. Postmoderne Werbung will im Gegenteil religiöse Funktionen übernehmen. In einem übersättigten Markt, der die Grundbedürfnisse längst abgedeckt hat (s. o. 1), müssen banale Produkte „verzaubert" werden, um „spirituelle Sehnsüchte" zu befriedigen. Der Kauf eines Markenprodukts muss zum „Bekenntnis" werden („Du sollst keine andere Marke neben mir haben!"). Der Konsum soll „Transzendenzerfahrung transportieren" und der „Kult der Ware" den Konsum „entschulden", der letztlich eine Funktion ist von millionenfachem Elend seiner „Opfer" (in der „Zweiten" und „Dritten Welt"). Die „religiöse Botschaft" des „Kultmarketings" (Bolz und Bosshard) lässt uns die zu Anfang dieses Buches (I, 2) gestellte Frage nach der Zukunft von Religion zum Schluss nochmals aufgreifen. Das Faktum, dass in unserer westlichen, postmodernen Zivilisation existenzielle Grundbedürfnisse weitgehend abgesichert sind (warum sonst müssten Produkte ohne jeden „existenziellen" Gebrauchswert „spirituell aufgeladen" werden, um sie vermarkten zu können?), verengt für die Religion ihre Funktion der Kontingenzbewältigung auf die Sinnstiftung (einen Sonderaspekt der Kontingenzbewältigung). Neue Kommunikationsmedien (Internet) und Kontrazeptionsmittel (Pille) sind dabei, Sozialverhalten und sexuelle Spielregeln zu verändern, ohne dass religiöse Orientierungshilfen hier (noch) wegweisend sein müssen. Wir hätten also „*Religion*" neu zu definieren als „*Symbolsystem, das der Vermittlung von (Lebens-)Sinn dient und sich auf eine Andere Wirklichkeit bezieht*". Neben die etablierten Großkirchen mit z.T. jahrtausendealtem Religionsmonopol drängen „Psychoszene", Neopaganismus (Neuheidentum), Esoterik, fernöstliche Spiritualität, charismatische Erneuerungsbewegungen usw. als Sinnvermittler. „Sinnsuche"[30] öffnet einen „neuen Markt", auf dem die „neue Religiosität" zur Sinnanbieterin, Religion zur käuflichen und konsumierbaren Marktware wird. Die mögliche These, dass (unter den Bedingungen eines globalen Neoliberalismus) Religion keine Selektionsvorteile (s.o. I, 2) mehr erbringe, wird sich „falsifizieren" (K. Popper) lassen, falls die Spezies Homo sapiens sapiens deshalb ausgestorben sein wird, *weil* sie Religion als Kulturelement eingebüßt hat. Dann aber würde niemand mehr da sein, es festzustellen.

---

[30] Evangelische Zentralstelle für Weltanschauungsfragen (Hg.): Panorama der neuen Religiosität. Sinnsuche und Heilsversprechen zu Beginn des 21. Jahrhunderts, Gütersloh 2001.

Glossar

Achämeniden:
  iranisches (altpersisches) Herrschergeschlecht, Begrün-
  der des Persischen Großreiches (ca. 550–331 v. Chr.).

Adept:
  Schüler, Eingeweihter (in eine esoterische Lehre und
  Praxis).

akroamatisch-graphisch:
  auf Gehörtes und Geschriebenes bezogen und dadurch
  vermittelt.

anthropologische Konstituenten:
  die Wesensbestandteile, die den Menschen, seine Persönlichkeit ausmachen (z. B. Körper und Seele bzw. verschiedene Seelen).

Anthropophagie:
  Kannibalismus, Verspeisen von Menschenfleisch. Bei Angehörigen der eigenen Gruppe „*Endokannibalismus*", bei
  Angehörigen einer fremden Gruppe „*Feindkannibalismus*" geheißen.

Antichrist:
Gestalt, die sich als Verkörperung alles Widerchrist-
lichen dem (wiederkommenden) Christus der Endzeit
entgegenstellt. Oft auch mit historischen Individuen
(Papst, Mohammed) identifiziert.

apokalyptisch:
auf die Endzeit, das Weltende (s. *eschatologisch*) bezogen.

apotropäisch:
dämonenabwehrend, Böses fernhaltend.

Arsakiden:
iranische (parthische) Herrscherdynastie (250 v. Chr.–
226 n. Chr.).

calvinistisch:
auf Johannes Calvin (gest. 1564), den dritten großen
Reformator neben Luther und Zwingli, zurückgehend,
Vertreter der strengen Prädestinationslehre (s. *Prädestination*).

do ut des:
„Ich gebe, damit du gibst." Grundsatz der *Reziprozität*
(Gegenseitigkeit).

eidetisch-taktil:
das Seh- und Tastvermögen betreffend und durch diese
vermittelt.

Endosphäre:
> geordnete Binnenwelt (s. *Kosmos*). Im Unterschied zur außenweltlichen, feindlichen *Exosphäre* (*Chaos*).

Epiphanie:
> Erscheinung, Offenbarung (*Manifestation*) einer Gottheit oder eines *Numens* oder sonst einer Mächtigkeit.

eschatologisch:
> das Schicksal nach dem Tod (*individuelle Eschatologie*) und das Ende der Welt (*kollektive Eschatologie*) betreffend.

ethnozentrisch:
> nennt man den eigenen kulturbedingten Blickwinkel auf fremde Kulturen, der, wenn unreflektiert, oft zu Fehleinschätzungen von Fremdem führen kann.

Exogamie:
> Verbot, den Ehepartner innerhalb der eigenen Gruppe zu wählen. Dagegen Endogamie: Gebot, innerhalb der eigenen Gruppe zu heiraten.

force vitale:
> Lebensmächtigkeit, Lebenskraft (Vitalität). Kann in bestimmten Dingen und Wesenheiten enthalten sein und angezapft (oder einverleibt: gegessen, getrunken) werden; kann auch durch gewisse Riten jemandem zugeführt oder in jemandem aktiviert oder potenziert werden.

Gentilidole:

Bilder oder Symbole von Gottheiten oder Mächten, die in einem bestimmten Verwandschaftsverband besondere (kultische) Verehrung genießen.

hindugen:

dem indischen Kulturkreis entstammend. Hindugene Religionen sind auch solche, die ihre geistigen Wurzeln in Indien haben, dort aber (weitgehend) ausgestorben sind (Buddhismus), auch gewisse Formen moderner westlicher Spiritualität „made in India" (Yoga- und Meditationspraktiken, Guru-Verehrung u. a.).

Jungpaläolithikum:

letzte Phase der Altsteinzeit. Frühes Jungpaläolithikum (ca. 36 000–30 000 v. Chr.), mittleres Jungpaläolithikum (ca. 30 000–16 000 v. Chr.), spätes Jungpaläolithikum (ca. 16 000–10 000 v. Chr.).

kathartisch:

von negativer Befleckung und Behaftung und ritueller Unreinheit reinigend.

Kosmos:

wohlgeordneter Bereich, heimische Welt. Im Unterschied zum un-geordneten, un-heimlichen, zerstörerischen *Chaos.*

Limbus:

jenseitiger Aufenthaltsort für Seelen, deren moralische Qualität in der Schwebe (nicht eindeutig) ist oder die

ohne persönliche Schuld nur mit der Schuld der Erb-
sünde behaftet sind (ungetauft verstorbene Neugeborene, die Frommen des Alten Testaments). Im Unterschied
zum *Paradies* für die Seelen der Heiligen und Seligen
oder zur Hölle (*Infernum*) für die Seelen der ewig Ver-
dammten oder zum Fegefeuer (*Purgatorium*) für die
Seelen, die noch restliche zeitliche Strafen abzubüßen
haben, bevor sie, von Schuld gereinigt, ins Paradies
überwechseln dürfen.

makrosmatisch:
    den Geruchssinn betreffend und durch ihn vermittelt,
    mit besonders feinem Geruchssinn ausgestattet.

Meleager:
    griechischer Sagenheld, dem eine Schicksalsgöttin bei
    der Geburt prophezeite, er werde nur so lange leben, bis
    ein bestimmter Holzklotz, der gerade auf der Feuerstelle
    brannte, von der Flamme verzehrt sei. Geistesgegenwär-
    tig riss seine Mutter das Scheit weg und versteckte es.
    Als Meleager viele Jahre später die Brüder seiner Mutter
    umbrachte, erinnerte sie sich an das verborgene Scheit
    und warf es ins Feuer, worauf Meleager qualvoll starb.

Mittelpalöolithikum:
    mittlere Phase der Altsteinzeit, endet ca. 40 000 v. Chr.

Mollas, Mojtaheds, Ayatollas:
    wörtlich: „Herren", „Gesetzesausleger", „Gotteszeichen".
    Ehrenbezeichnungen (in aufsteigender Folge) für Reli-

gionsgelehrte im Iran, deren religiöse Rechtsgutachten (Fatwas) große bis höchste Autorität besitzen.

monotheistisch:
ausschließlicher Glaube an eine einzige Gottheit, im Unterschied zum *Polytheismus* („Vielgottglaube").

Mythos:
traditionelle Erzählung, in der (menschliche) Einrichtungen, Verhaltensweisen, Befindlichkeiten auf urzeitliches Handeln göttlicher Gestalten („mythischer Präzedenzfall") zurückgeführt werden.

Numen:
göttliche Machterscheinung (ohne individuelle, personale Gestalt, aber oft mit einem Namen), im Unterschied zu einer personhaften Gottheit. Die Grenzen zwischen *Numen* und Gottheit können fließen (s. *Venus*).

Omophagie:
Verzehr von rohem Fleisch, von den Anhängerinnen der antiken Dionysos-Mysterien (den *Mänaden*) im Zustand religiöser Raserei praktiziert: Ein von ihnen zerrissenes und roh verschlungenes Waldtier galt als Repräsentant ihres Kultgottes Dionysos (Gottheit der wilden Natur), dessen Wesen sie sich dadurch einverleibten.

Orakel:
anderweltliche Willenskundgebung einer Gottheit oder eines Toten (Manifestation eines *Numens* oder einer

Macht), nach der die Befragenden ihr Verhalten oder Handeln ausrichten.

Ordal:

Gottesurteil, Methode der Urteilsfindung vor Gericht, bei dem der Angeklagte sich einer gewagten, schmerzhaften oder lebensgefährlichen Prozedur unterziehen musste (es wurde ihm z. B. geschmolzenes Metall auf die Brust gegossen). Bestand er, blieb er unverletzt, überlebte er – je nach Art der „Versuchsanordnung" –, war er unschuldig; bestand er nicht, zog er sich Verletzungen zu, starb er, war er schuldig (gewesen).

paraphysisch:

hieße ein Tatbestand, wenn jemand körperlich an einem andern Ort wahrgenommen würde als dem, wo er sich aufhält.

parapsychisch:

hieße ein Tatbestand, wenn jemand wahrnimmt, was sich außerhalb des Bereichs seiner Sinne (also räumlich oder zeitlich weit entfernt) ereignet.

Phänomenologie:

möglichst vor-urteilsfreie Beschreibung von dem, was sich an etwas *selbst* zeigt, nicht von dem, was *wir* meinen, dass es sei. *Religionsphänomenologie* beschreibt im Unterschied zur *Religionsgeschichte* nicht Religionen und religiöse Erscheinungen in ihrem zeitlichen Wandel, sondern in ihrer kultur- und zeitübergreifenden Eigenständigkeit.

postmortal:

nachtodlich, den Zustand nach dem Tod (s. *eschatologisch*) betreffend.

Prädestination:

Lehre, dass Gott zum vornherein die einen Menschen zum Heil (Seligkeit), die andern zum Unheil (Verdammnis) bestimmt habe.

präexistent:

schon vor dem leiblichen Leben existierend. Präexistenzianismus ist die Lehre, dass alle Seelen schon bei Gott existieren, bevor sie bei der Zeugung eingekörpert werden. Die Lehre wurde im Christentum schon früh verworfen, sie hätte dem Gedanken der *Wiedergeburt* die theologische Grundlage geliefert.

Reliquien:

Leichen oder Leichenteile von Heiligen oder etwas, was mit diesen in Berührung stand (*Berührungsreliquien*), denen Wunderkräfte (*virtutes*) zugeschrieben werden.

res gestae:

Taten (in einer individuellen Biographie), die der Überlieferung an die Nachwelt und der Erinnerung wert sind.

rite:

unter peinlich genauer Befolgung der Zeremonien, d. h. der Vorschriften für einen einzelnen Ritus oder ein ganzes Ritual.

Säkularisierung:
im engeren Sinn Einzug kirchlichen Eigentums durch den weltlichen Staat; im weiteren Sinn Wirklichkeitsverständnis, bei dem Religion und religiöse Werte eine immer geringere Rolle spielen (*Säkularismus*: Verweltlichung).

Sassaniden:
iranische (persische) Herrscherdynastie (226 – 650 n. Chr.).

Schamanen:
religiöse Spezialisten, die befähigt sind, ihre Seele (Freiseele) vom Körper zu trennen und auf Exkursion zu schicken, auf der sie, frei von Raum und Zeit, zum Wohl oder im Auftrag der Gemeinschaft bestimmte Aufgaben erfüllt (Zukunftsschau, Kontakt mit Göttern, Geistern, Ahnen, Rückholung von Seelen Kranker usw.).

Schia und Sunna:
die beiden wichtigsten „Konfessionen" (Denominationen) im Islam, wobei die Schia heute überwiegend auf den persischen Kulturbereich begrenzt ist. Grund der Spaltung war der blutige Zwist um die rechtmäßige Nachfolge des Propheten Mohammed.

Schismatiker:
religiöse Gruppe, die sich von einer Religionsgemeinschaft trennt, eine Kirchenspaltung verursacht.

Tabu:

das, was (nach den religiösen Normen einer Gemeinschaft) zu meiden ist, dessen Berührung gefährlich, ja tödlich sein kann.

Talisman:

Gegenstand, der seinem Träger oder Besitzer Kraft verleiht, im Unterschied zum *Amulett*, das ihn gegen fremde Kräfte schützt.

tantrisch:

eine Kultform im Hinduismus (und Buddhismus) mit stark sexuellen Ausdrucksformen (Riten und Symbolen).

tellurisch:

die Erde, ihre Gottheit oder Gottheiten, ihre Mächte (die Toten) betreffend.

thomistisch:

die Lehre des hl. Thomas von Aquin (gest. 1274) betreffend, des heute immer noch einflussreichsten katholischen Kirchenlehrers.

transpersonal:

überpersönlich, jenseits einer Unterscheidung von „persönlich" und „unpersönlich".

Trinität:

Dreieinigkeit, Dreifaltigkeit. Dreifache personale Offenbarungsform des einen Gottes (als Vater, Sohn, Hl. Geist).

Venus:

Macht (*Numen*) der erotischen Liebe und Fruchtbarkeit und weibliche Gottheit, die diese Macht personifiziert.

Vishnuismus:

Verehrung der indischen Gottheit Vishnu als personale Offenbarung des Absoluten (oft verbunden mit einer mystischen Form der Gottesliebe).

Zoroastrismus:

die von Zarathushtra gestiftete Religion, deren heilige Texte u. a. im *Awesta* gesammelt sind.

Nachschlagewerke

Mircea Eliade
Geschichte der religiösen Ideen
4 Bände in Kassette, Band 5274

„Eine gewaltige geistige Unternehmung, fesselnd und allgemeinverständlich aufbereitet" (Süddeutsche Zeitung).

Lexikon der Religionen
Phänomene – Geschichte – Ideen
Hg. von Hans Waldenfels
Begründet von Franz König, Band 4090

„In Fachkompetenz, Klarheit und Aktualität einzigartig" (Süddeutscher Rundfunk).

Adel Theodor Khoury/Ludwig Hagemann/Peter Heine
Islam-Lexikon A-Z
Geschichte – Ideen – Gestalten
Überarbeitete Neuausgabe, 3 Bände in Kassette, Band 4753

Die komplexe Welt des Islam in über 450 Artikeln profund und informativ erschlossen.

Johann Maier
Judentum von A bis Z
Glauben, Geschichte, Kultur, Band 5169

Alles Wissenswerte über Geschichte, Vorstellungen und die unterschiedlichen Erscheinungsformen der jüdischen Religion heute.

Hans Gasper/Joachim Müller/Friederike Valentin
Lexikon der Sekten, Sondergruppen und Weltanschauungen
Aktualisierte Ausgabe, Band 5528

Ein „umfassender Einblick in Fakten und Hintergründe der religiösen ‚Szene'. Ein wichtiger Begleiter" (Die Welt).

HERDER spektrum

Religionen der Welt

Dan Cohn-Sherbok
Judentum
Band 4825

Die Geschichte des jüdischen Volkes von der frühen Vertreibung bis zur Schaffung des Staates Israel im 20. Jahrhundert.

Jamal J. Elias
Islam
Band 4824

Die konzise Darstellung des muslimischen Glaubens und seiner Praxis im Lebenskreis der Gläubigen in Geschichte und Gegenwart.

Bradley K. Hawkins
Buddhismus
Band 4827

Alle wichtigen Informationen über den Buddhismus, seine Geschichte, seinen Glauben, über seine Rituale und seine Praxis.

Cybelle Shattuck
Hinduismus
Band 4823

Die Vielfalt hinduistischer Glaubensrichtungen und die Antwort auf die Frage, wie diese alte Religion den Herausforderungen der Moderne begegnet.

Brian Wilson
Christentum
Band 4826

Die prägnante Darstellung der Glaubensinhalte, der Praxis und der Spiritualität in unserer pluralistischen Welt.

HERDER spektrum

Meister der Spiritualität

Nasr Hamid Abu Zaid
Ibn Arabi
Meister der Spiritualität, Band 5149

Aktueller denn je: Abu Zaid zeigt die Aktualität dieses großen andalusischen Sufi. Seine Deutung des Korans fördert den interreligiösen Dialog.

Anselm Grün
Benedikt von Nursia
Meister der Spiritualität, Band 5106

Noch heute faszinieren die Lebensregeln des Benedikt von Nursia, der durch die Gründung seines Ordens auf dem Monte Cassino die Kultur Europas entscheidend prägte.

Stefan Kiechle
Ignatius von Loyola
Meister der Spiritualität, Band 5068

Ein Leben, dessen spirituelle Kraft noch heute viele Menschen motiviert und sie zu Innehalten und Veränderung führt.

Martin Maier
Oscar Romero
Meister der Spiritualität, Band 5072

Oscar Romero verkörpert die Einheit von Mystik und Politik. Sein Eintreten für die Armen, sein Engagement für Gerechtigkeit und Menschenwürde ging bis zum Einsatz seines eigenen Lebens.

Anand Nayak
Mahatma Gandhi
Meister der Spiritualität, Band 5105

Ein faszinierender Mensch, der es anderen ermöglichte, auf spirituellen Wegen aufrecht zu Würde und Freiheit zu finden.

HERDER spektrum

Gregor Paul
Konfuzius
Meister der Spiritualität, Band 5069

Moralische Integrität, Menschlichkeit, glückliches und sinnvolles Leben:
Eine Einführung in sein Leben und seine Antworten auf Fragen, die uns
heute beschäftigen.

Annemarie Schimmel
Rumi
Meister der Spiritualität, Band 5093

Die wohl bedeutendste Rumi-Forscherin bietet eine hinreißende Einführung in sein Leben, seine geistig-kulturellen Hintergründe, seine poetische
Mystik und seine spirituelle Welt.

Günter Wohlfahrt
Zhuangzi
Meister der Spiritualität, Band 5097

Der bedeutendste daoisitische Denker: Sein Werk ist Weltliteratur und hat
die großen Geister des Westens immer wieder neu fasziniert.

Jörg Zink
Jesus
Meister der Spiritualität, Band 5065

Sein Leben, sein Sterben und der Glaube an sein Weiterleben haben Welt-
geschichte gemacht und das Leben vieler Menschen radikal verändert.

Clemens Thoma
Rabbi Nachman von Brazlaw
Meister der Spiritualität, Band 5152

Der Autor zeichnet das spirituelle Porträt des legendenumwobenen Lehrers
und Erzählers des chassidischen Judentums und skizziert die Aktualität seiner messianischen Hoffnungen.

HERDER spektrum